㊟さだまさし研究会

さだまさし
解体新書

TAHER SADATOMIA

ターヘル・サダトミア

大和書房

プロローグ

「さだ研」って本当に俺のこと研究してるのか?

さだまさしを学問する。

歌手・さだまさしを学術的に分析、研究し、論文にしてまとめるという類を見ない書籍がここに誕生したきっかけは、さだまさし本人によるこのひと言だった。

――本当に「さだ研」は、さだまさしを研究しているのか。

ここでまず、「さだ研」についての説明が必要になる。さだ研とは、「さだまさし研究会」の略で、そのルーツは1980年4月に発足した（諸説あり）、早稲田大学のサークル「早稲田大学さだまさし研究会」にある。おそらくほぼすべての大学のサークルとしての「研究会」がそうであるように、さだ研も、さだまさしを本気で学術的に研究しようという志のもとに集ったわけではない。創成期のメンバーによると、「とにかく女の子を集める」というさもありがちな目的のもと結成されたという。なぜ「さだまさし」だったのかという理由も、当時女性にも多くの熱狂的ファンを持っていたオフコースはすでに別の愛好会があったから使えない、松山千春よりはウケるだろう、というゆるすぎる狙いによるものだったという。

しかし、このゆるさこそが、さだ研が40年以上にわたって存続し、全国各地に支部および会員を増やして今に至る要因となった。

ゆるく、開放的な気風を持つさだ研は、もともとメンバーを早稲田大学の学生に限らないインカレサークルとして他学生も受け入れていたし、他大学で自発的に「さだ研」ができることにも歓迎の姿勢を貫いてきた。

結果、今では全国の大学にとどまらず、職場や友人同士など、ありとあらゆるところにさだ研が存在し、もはや当人たちが「さだ研」であると言いさえすればさだ研であり、全国各地に無数のさだ研メンバーが存在する状況となっている。

さだまさし自身、さだ研に対して好感を抱き、ときに関わりを持ち、おもしろがってはきたものの、言葉のスペシャリストとして「研究会」という名称についてひと言触れておきたくなったのも当然だろう。「本当に俺のこと研究してんのか」と。

本書は、さだ自身にとってはおそらく何気ないつぶやきの一つに対する、過剰なまでのアンサーである。さだ研の中でも、それぞれに専門分野を持つ本職研究者および、在野にありながら特筆すべき専門知識と論文執筆の素養を持つ者たちによる論文をまとめた。

本書では、音声学、和声学、文化人類学、伝承文学、民俗学、日本語学と、さまざまな分野の研究論文および研究ストーリーに加え、さだ研によるさだまさし本人へのインタビューも収録した。また、付録として、本家・早稲田大学さだまさし研究会によるコラムや論文も見られるようになっている。

アカデミックな知識や素養がなくては楽しめないものではないので、すべてのファンに手に取ってもらい、「こんな楽しみ方もあるんだ」とページを繰りながら、さだまさしの色々な側面を知ってもらえたらうれしい。

さだまさし研究は、広くて深い、ある種の沼かもしれない。ここに収められた論文は、どれもさらなる研究の展開を示唆している。本書をきっかけに、また新たなさだまさし研究者が生まれることを願って――。

目次

さだまさし解体新書

第0章

研究対象、研究者に語る

さだまさし巻頭インタビュー

聞き手：早稲田大学さだまさし研究会

さだ研とさだまさし

さだ研（以下、研）　本日は、どうぞよろしくお願いします。

さだまさし（以下、さだ）　こちらこそ、よろしくお願いします。

研　まず、なぜこのような企画が動き出したかということなのですが、私たちは、さだまさし研究会を名乗っていながら、「あまりちゃんと研究したことがないんじゃないか」と。

さだ　ないよね〜。わかる、わかる（笑）。

研　それで、この辺で一度きちんと研究をやってみようかなということでして。

さだ　あんまり真面目にやらないでね。

研　「早稲田大学さだまさし研究会」は、1980年の発足時から、さださんのことを曲がりなりにも「研究」してきましたが、さださんから私たちがどう映っているのかをいままで一度もお聞かせいただいたことがなくて。まず、早大さだ研との出会いや、またその印象などをお聞かせいただけますか？

さだ　はい。もはやみなさんにとっては伝説になっているのでしょうけど、さだ研第三代幹事長の岸芳和が「セイ！ヤング」という僕の番組の常連だったんですよね。それで早稲田にさだまさし研究会があるということを彼のハガキで知って、最初は「面白い『連中』がいるな。でもどうせ研究はしてないな」というふうに感じてたんですけども（笑）、その後、岸くんの活躍もあって、全国に都合37の大学（など）にさだ研ができたんですよね。一番古いのはもちろん早稲田で、その後、東大、京大、学習院、東京学芸大にもできていって、神戸の市役所にもできましたね。「夏[*1]　長崎から」の時期になると、彼らは幟《のぼり》を立てて長崎に集結したんですよね。みんなが面白がってさだまさしを肴《さかな》に青春を謳歌してるっていうのはすごく好きでね。いい感じだなぁと思ってました。自分が真面目に研究されているとは思わないし、そもそも真面目な研究材料であるとも思わないんですけど、青春時代の遊びのお神輿になってる、お祭りになってるなっていうのは、すごく嬉しかったです。ある意味、早稲田は早かったですよね、こういう遊びを始めるのがね。あの当時、ある専門家が来て、「生きてるのに研究会が大学にあるのは美空ひばりとさだまさし以外に聞いたことがない」って言ってましたけどね。だいたい、早稲田って変なんだよね（笑）。

研　そのとおりです（笑）。

さだ　大学の落研《おちけん》だって、小沢昭一さんが早稲田に作ったのが最初でしょ？

研　はい。

さだ　早稲田ってね、変なこと始めんだよね。それがいいよね。さだ研が成功したのは、早稲田にこだわりすぎないで、「どの大学だっていいじゃない。別に社会人だっていいじゃない」っていう、みんなでやろうっていう遊びの概念があったからで、すごく間口が広くていいなと思いました。だから続いてきたんだろうね。間口を限定してたら続いてなかったと思う。

研　早大さだ研自体も、最初からいわゆるインカレっていうような感じで門戸を開いてました。

さだ　インカレ!?　「さだまさし」なんてそれほどだいそうなものじゃないと思うけどね（笑）。

研　ただただ、みんなで集まってワイワイしよう！　という感じで、先ほどさださ

＊1　さだまさしが主催して行われた元祖・夏フェスともいえる野外コンサートイベント。1987～2006年まで開催された。開催日は広島に原爆が投下された8月6日で、「長崎から広島に向かって平和について歌う」ことを目的に行われた。

んがご紹介された岸さんたちが先頭を切って走ってくださっていたので。

さだ そう、彼は卒業してから10年以上、大学を出た後もずっと常連として活躍して後輩につないでいてくれたっていうのは、やっぱり大きかったんじゃないかな。

当時は、深夜ラジオで話題になると、それだけでなんか自分たちが認められる感じがしたじゃない？　たぶん、さだ研も風前の灯だった時代があるはずなんだけど、それも乗り越えて、まだたくさんの人が集まってやってくれてるっていうのは、本当に光栄だよね。ありがとうございます。

研 あの、私（瀬戸邦弘／本書論文執筆者の一人）なんかは93年入学なので、ちょうど「夏　長崎から」真っただ中で。

さだ 全盛期だね〜。

研　はい。早稲田の幟を東京から立てて、青春18きっぷで鈍行を乗り継いで、遥か長崎まで。1日以上かけて行ってました。

さだ　「聖地巡礼」とか言ってね。長崎市内のあっちこっちに幟が立ってて、もうみんな大笑いしてたけどね。あの感じがよかった。

研　8月6日に全国のさだ研が稲佐山に集まったとき、たくさんの幟がはためいていて、ちょっと古戦場というか、戦国絵巻みたいな感じで。

さだ　そうそう（笑）。

研　みんな、全国から集まってきたぞ！　っていう高揚感みたいなものもありました。そんな「遊び」や「空気感」を私たちもずっと楽しんできました。ありがとうございます。

さだ　いえいえ、こちらこそ（笑）。

■自分の研究会がある、という感覚

研　ところで、「さだまさし研究会」という名称なのですが、この手の団体の場合、愛好会とか同好会というのは比較的多く存在してきたかと思いますが、さだまさしさんの場合だけ「研究会」として世の中に定着しました。すなわち、ご自身が「研究される対象」になったということですが、それは気持ち悪かったりしませんでしたか？

さだ　どうせ研究してないのはわかってたから（笑）。それは岸芳和のハガキのノリで感じたんだと思うんだけども、真面目に「さだまさしとはなんぞや」とか、さだまさしの歌に関してどうこう考察するっていうことではなくて、はっきり口に出しては言わないけど、さだまさしを面白いと思っている「連中」が、さだを肴に酒を飲んでるっていうのはわかってました。じつは僕のまわりにも

「さささの会」ってグループがあって、編集者とかライターとか、さだまさしのことが気になってる、気に入ってる「連中」が「さだを肴に酒を飲む会」ってのを作っていてね。「それと同じだよね」って、よく話してました。でも、実際に研究してる人もいて、僕のところに論文を直に送ってきますよね。高校時代に卒論でさだまさしを書いた宝福了悌くん（本書編者であり、論文執筆者の一人）とかね。彼は國學院の大学院に仕事辞めて戻ってきて、民俗学やるとかって言っていて、面白い存在ですね。あと、名古屋のさだ研では「さだまさしの色」についてだけ、えらい研究してましたよね。さだがどういう傾向の色が好きとか。他には、さだまさしの数字、僕の歌に出てくる数字の研究をしてる人もいて、例えば、**「線香花火」**の一つ、二つ、三つから始まって、**「風に立つライオン」**では１００万とか、**「パンプキン・パイとシナモン・ティー」**では2分と15秒とか、なんかそういうのを列記しちゃって、「今後使われる可能性のある数字」まであげたりしてね（笑）。

総体的に全部やってるという組織はもちろんなかったし、いろんな角度でさだを肴に酒を飲むときに、話のなかで「さだまさしってあれだよね」「ちょっと調べてみる?」っていうようなことじゃないかな。こっちも、そういう研究を意識しすぎると自分が曲がって来ちゃうじゃない? だから意識しないように、それはそれで遊びとして受け取ってますけどね。

研 早大さだ研に限らず、さだまさし研究会というものが世の中にあるということが、さださんに影響や何かのきっかけを与えたり、気になったりすることはありますか?

さだ 気に障るとか、うっとうしいとか、そういうことはいっさい感じたことはないですね。さだまさしを面白がって遊んでくれている人たちがいる。いわゆるただのファンじゃなくて、歌の表面だけじゃなくて、作者であり、パフォーマーであり、演奏家であるというさだまさしの内面にちょっと踏み込みたい気持ちと、あんまり踏み込んだら悪いなっていう遠慮とを同時に感じるので、早稲田のさだ研に関していえば、非常にいい距離感だなと思います。踏み込みすぎず、奉《たてまつ》って神として扱うんじゃなくて、「先輩の一人」っていう感覚で見てくれているんでしょうね。僕の曲を初期のものから最近のものまで並べてみて、不愉快なものがきっとなかったんだろうな、と。何かそれなりに共感してくれたり、最近の歌の中にも新しい発見がきっとそれぞれにあるのかなあ、と。そういう意味では幸せですよね。

研 私たちもさださんに「近づいちゃいけない」っていうような気持ちを40年間持っていて、すごく離れているわけではないけど、でも「お邪魔になっちゃいけない」って気持ちはなにより強く持ってきたと思うんです。

さだ その距離感って、なかなかファンにはできないよね。潔いっていうか、かっこいい、いいなと思います。

初めて早大さだ研と近しくなったのは、「生さだ」[*2]の中継をリーガロイヤルホテルでやったときに、大隈講堂を借りられなくて、早大さだ研が陰になり、また陰になって（笑）番組を支えてくれて、番組でもさだ研を紹介させてもらったけど、別にそこでしゃしゃり出るでもなく。その後もなにか変に「生さだ」

*2 「今夜も生でさだまさし」、通称「生さだ」は、季節ごとにNHKで深夜に生放送されるテレビ番組。視聴者からのハガキをさだまさしが読み上げていくのが基本の構成で、数曲生歌も披露する。

に食い込んでくるでもないし、ある一定のそっけなさっていうのかな。距離感を保ちながら。それでも、最近も年末のカウントダウンでは手伝ってくれたりして、本当に感謝してます。スタッフが足りないところにさだ研がボランティアを買って出てくれるっていうのは、なんか申し訳ないような気持ちですけど、感謝してます。この距離感っていうのが、僕が決めるものではない、っていうところがいいよね。

曲作り、そして若者へ

■ 袋の中に歌が入っている

研　さだ研の仲間内での話題といえば、もちろんその多くがさださんの歌についてなのですが、好きな歌もちょっとずつ変わっていくし、同じ歌を聴いても、聴こえ方、聴き方が変わってくるので、話題が尽きることはありません。

さだ　もう気づいてると思いますけど、さだまさしの歌の傾向ってのはいくつかの袋に分かれてて、新しい曲を作っても、だいたいどれかの袋に入る。
新しく作る歌のメロディーに、過去の歌の傾向があったとしても、そういうものを僕は「刈り取らない」ように歌っててね。これは、あの曲の系統だな、と

か。このインタビューの前に、好きな曲は**「理・不・尽」**だと言ってくれた人がいたけど、あの傾向のものって、**「前夜（桃花鳥）」**とかもひっくるめて、けっこう同じ袋にいっぱい入ってるじゃない？「これちょっと似てるな」とか。まさに、**「存在理由～Raison d'être～」**もその中の1曲なんだけど、この袋の中全体で自分なんですよね。1曲だけ取り出すんじゃなくて、それを含む全体で自分。**「関白宣言」**や**「パンプキン・パイとシナモン・ティー」**みたいな曲は**「親父の一番長い日」**と同じ袋だと思うし、**「防人の詩」**だとか**「いのちの理由」**とかっていう命に関する袋もあって。

一方で、そのどの袋にも入らないのがいくつかあるんですよね。だから僕は、「新しい袋、どうやったら作れる?」って。いま、入らないものがいくつか浮いてる状況なんで、僕が現役でいるうちになんとか袋に収めないといけないなと。**「問題作～意見には個人差があります～」**もそうですけども、なんていうか、時代を追わないできたので。

少し話は変わるかもしれないけど、かつて、コンサートが始まるとみんな立ちたがる時期があったんですよ。それは、「夏　長崎から」の影響で、条件反射のように、サンバホイッスルが鳴ったら立つみたいな。そうすると、立たせるのは簡単になってくるんです。要するに、盛り上げれば立つっていう。いまは世の中みんなそうだね。どのコンサート行っても立って、こうやって縦ノリでみんなやってるじゃん。わかるんですよ、ノリノリでやりたい気持ちも、みんなを立たせて気持ちがいいっていうのもすごくわかるんだけど、でもそうすると、立たない人が気になるんだな。これはどこかで話したかもしれないけど、最前列の女の子で一人、立たない子がいてね。なんで立たないんだろうと思ってずっと見てると、車椅子が置いてあって、そのときにもう全身冷水を浴びせられたような気持ちになって。これはファッショだな、と思った。ファシズムのにおいがして。まあ、「だから立たせない」っていうのもファッショなんだけどさ（笑）。ちょっと、その辺での僕の揺らぎっていうのはありましたね、ちょうど90年代。

研　歌を作られるときに、いくつか袋があるというお話でしたが、例えばこれが得意だとか、いつもここに還ってくるといったテーマはお持ちですか？

さだ　「海っ縁の歌」っていうのは、永遠のテーマですよね。僕は長崎育ちなんで海は目の前にあったし、三つの海水浴場を朝から夕方までハシゴしていた少年時代で、「海辺の風景と湿気」っていうのは自分の体の中にあるんで、海の歌ってのは定期的に出てきますよね。**「夕凪」**から**「潮騒」**まで。あとは、**「黄昏迄」「向い風」**なんかもそうで、海辺の歌っていうのはやっぱり定期的に作りたくなる。でも、あるテーマで新たな曲を出すっていうことは、その袋の中になかった何かを発見したときなんだよね、きっと。

自己模倣をやったら自分の芸術の死だって山本健吉に教わって、自己模倣したくなったらやめなさいって言われてるので、「あの頃の歌がよかった」と思ったことは一度もないです。だから、あの頃の歌よりこのテーマはもっといいのが書けると思ったときだけ、袋の中から取り出してみるっていうのかな。だから、**「夕凪」「ひき潮」**よりも**「潮騒」**のほうがいいと思ったからポンと出していく、ってところありますよね。だとすると、**「潮騒」**よりいい海辺の歌がまだ書けてないのかもしれないね。

研　なるほど。でも、色々な袋の中の歌が一つに調和して「さだまさし色」になっているのが素敵だなと思います。

さだ　ありがとうございます。ご承知のように、さだまさしってルービックキューブみたいなもんなんです。6色あって、こう「ぐちゃぐちゃにしたさだまさし」をぱっと渡されて6面にすぐ分けられる人がいるかっていえば、あまりいないと思うんですよね。そういう感じで、僕は僕で「さだまさし」で遊んでますんで。だから、「何色だってバレてたまるか」「さぁ、探してみてよ」って感じですね（笑）。

研　私たちも「さだまさし色ってどんな色だろう」というようなことをいつも話すけど、結局わかんなくて、「また明日考えよう」って。

さだ　それはもう、僕にとっては理想的な遊び方をしてくれてますね。

■現代の若者に

研　早大さだ研はときどき、さださんのお手伝いをさせていただいていますが、大学生を近くでご覧になって、いまの若者に対して感じておられることはありますか？

さだ　大学生に対しては、勉強の最終過程にいるうちに人生の勉強テーマをはっきり決めてほしいなと思います。自分のテーマを得るための勉強をもう終えている人なら、どんな仕事に就いても大丈夫なんだろうと思うんだけどね。いまは転職の時代なんで、仕事しながらスカウトを待つみたいなＣＭ見てると、「愛社精神」なんて言葉も死語なんだなって感じますよね。僕らの世代は、会社を選ぶ理由について悩んでいたわけでね。「なぜ自分の人生をかけてこの会社を選んだんだろう」というところに、アイデンティティーがあるわけですよね。だから、その会社で自分の生きる場所を探そうとするし、その現場で耐えようとするし、耐えていれば、自分のパフォーマンスの場所が与えられる。与えられたら、次を育てる。そうこうするうちに、だんだん組織が見えてくる。そうなると、組織のために自分はどこにいるのかがわかってくるっていう。そして歳をとっていって、その会社を退社する時間が来て、会社を辞めていく。それでも、愛社精神は変わらないっていう。これは、いまの人たちからしたら、ひょっとしたら悪しき伝統なのかもしれないけど、あの年功序列、親方日の丸、終身雇用というものには、その会社の発展の礎があったと僕は思うんでね。

こんなに30年間も給与が上がらない国になった理由は、こうした転職ブームになったからとも言えると思うんですよね。どうせ育てても出ていくから、分けてもしょうがないっていう諦めみたいなものが会社にある。だから、会社はどんどん儲かってお金は持ってるんだけども、社員に撒いてくれないっていう。これはね、精神的な構造が僕は一番大きいと思うんですよ。日本の一番よかった部分というのは、どんどん削がれていってるんですよね。日本の一番日本らしいときっていうのは、じつは明治に入った頃でね。あの頃の外交官の本を、いまの学生も興味を持ったらぜひとも読んでほしい。アーネスト・サトウだけじゃなくて、いろんな人が日本に来てますから。

その人たちが書いたものを、僕もいまさらながら一生懸命読んでいて、外交官ではないけどイザベラ・バードもそうで、読んでて感じることは、彼らが感動しているのは「日本人の精神的な仕組み」なんですよね。最近はSDGsってことさらに言うけど、江戸時代の暮らしってのは完全にSDGsですからね。みんなで助ける、廃棄するものはない、ゴミは再生するから屑屋なんてのがいるわけで、紙は全部再生して商売になった。そういうものが、もうすっかり失われて150年たつわけでしょう。「200年後に日本という国はない」ってある国の政治家が言ったけど、当たりかもなあと思いますね。でも、その頃に誰かが聴いてギクッとする歌を残しておきたいなと僕は思いますけど。いま、小泉八雲の本を読んでよくギクッとするんでね。そういうものをやっぱり歌で残しておきたいなと思いますよね。

研　未来の日本人へのメッセージでしょうか？

さだ　まあ、そんなに大袈裟なものじゃないけど、「僕はいまここでこう考えてます」ってことをちゃんと書いておくことは大事だなと思いますよね。

話がそれちゃってごめんね。

じつは江戸時代は縦割りの監視社会っていうちょっと暗い側面もあるんだけれども、末期になるとそれが崩壊して、まさに自由だった。こんなに数学が発達した国っていうのもないし、こんなに天文学や絵画が発展・発達した国って他になくて、ヨーロッパ人はなぜ日本人はこれだけの文化を作り上げることができたんだろうって不思議がるんだけど、答えははっきりしてて、平和だったから、血で血を洗うような戦争がなかったから文化が発展したわけで。そういう意味では、いまの戦後の日本っていうのは、もっと文化が発展するべきなんだよね。ノーベル賞の受賞者が増えるっていうのは当たり前のことで。でも、また戦争に入っていくと、文化が全部壊れていくでしょ。文明の搾りかすが文化って言うんだろうと僕は思ってるんだけども、でも、いまの文明って搾ろうとしてもかすが出ないようになってるよね。ロボット社会を搾ってもかすが出ないと思うんだよね。

研　おっしゃるとおりです。高潔性ばかり求められて。

さだ　僕の少年時代って、トイレは汲み取り式だから、そこらの家もトイレの中がはっきり見えるところで暮らしていて、「自分たちがどういうものか」を理解しながら生きてきたわけで。つまり、「きれいって何」っていうのが、きれい・汚いの概念がいまの人々と違う。きれい・汚いを直接言うことは、僕の性分に合わないのでね（笑）。そういうことではない方のことを歌っていくのが、さだまさし的なんじゃないかなと思ってるわけです。世の中の不条理を直情的に**「うっせぇわ」**と言い放つことが、さだまさしはできないんです（笑）。

でも、いまの若い人たちが聴いてる音楽は、じつは僕はもう散々歌ってきたテーマばかりなんですよね。僕らは最後の開拓世代、音楽がそもそも第一次産業だと思ってる世代。いまは音楽がサービス業になってるんだよね。それでも、僕はサービス業でありながら、第一次産業を踏襲しようと思ってやってる古いタイプのミュージシャンで、それをむしろ誇りにしたいと思ってます。「私は昭和の歌作りです」っていうのを。

いまのミュージシャンは、表現する場だけ与えられて、ものを育てる余裕がない。そういう畑とか田んぼを与えられてないよね。先輩もいないし後輩もいないし、自分でパソコンをカチャカチャやって、譜面は読めないけど歌ができるっていうような時代だから。

クラシックやってきた人間から見ると、若い子たちの音楽はルール無用で、「ぶつかっちゃってる」ところがある。そのぶつかりが斬新だな、面白いなと思ってたんだけど、これは意識してぶつけてるんじゃなくって、ぶつかっちゃってるだけってことがだんだんわかってくると、「もったいないなぁ」と思いますね。「もう1回、部品ばらさない?」って。もう1回ばらして、バネからもう1回、自分で構築してみないかって言いたいね。

僕らは本当に幸せな世代だったと思う。先輩がいて仲間がいて、それぞれが宇宙だから。干渉し合わない宇宙。なかには妙に干渉された人もいたけど（笑）。僕らはそういう意味では、まだ「里山の風景」があった時代の歌作りだったんだよね。

さだ研からの質問

《質問1》

研　「夏　長崎から」をきっかけに、平和について考えるようになりました。このイベントを始めようと思ったきっかけはなんでしょうか。

さだ　まぁ、田舎もんの意地だね（笑）。広島で平和コンサートを南こうせつさんたちが始めて、僕はその0回に呼ばれて広島修道大学で歌ってるんですよね。広島の原爆の日にはミュージシャンがこうやって集まってやれるのに、なぜ広島にできて長崎ではできないんだろうって長崎の友達に相談したら、「お前がやらないから」って言われてね（笑）。

「じゃあ、やるわ」って。

その翌年に強引に始めて、第1回は3000〜4000人ぐらい来たかな。原爆落下中心地には石碑が建ってるんですけど、本当の原爆落下の中心は、そこから何百メートルか西北にずれてて、松山町のラグビー・サッカー場のところ。だから、そこでやりたかったんですよね。それから、無料でやりたかった。プロの歌手が無料で歌うのかっていう反発もあったけどね。長崎は田舎でそのころはよく「鎖国してる」なんて言われて、誰がやっても客が入らないと言われていたから、これはお金取ったら誰も来ないなと思った。とにかくまだ夏フェスってのがなかったから、その走りですよね。みんなが集まって何かやってれば振り向いてくれる人がきっと出てくるっていう。

正直な話、8月9日にやりたかったんだけれども、歌手って政治色のあるものはだめだし、思想色が強くてもだめなんですよね。それらは公平性を欠くし、ファッショにつながるし、僕自身もアジテーションの道具だと思われるのも辛いんでね。

歌手って、それぞれある程度の距離を置くから、すごく中途半端な立ち位置なんですよ。「夏　長崎から」もあえて反核、反原発・原爆とか言わなかった。だからすごく立ち位置が曖昧で、「いい加減だ」って言われたんだけど、僕は20年ぶれずに同じ姿勢で同じことを言い続けたら、何か残るものがあるのではないか、という一点でしたね。始めるときに、恩人の一人に「広島の日に長崎で歌うってさだくんらしいし、長崎らしいじゃないか」って言われて、とても腑に落ちて、８月６日が開催日になったんだよね。

10年目には何万人も来るようになって、ちょうど20年のときに「ここで終わるのがかっこいいんじゃない？」と思ったんだけど、いま振り返ればあと10年は続けられたかな（笑）。

《質問２》

研　「奇跡～大きな愛のように～」とか「SMILE AGAIN」のような素晴らしい曲は、誰に向けて書いているんですか？

さだ　その2曲は１９９１年頃ですよね。雲仙普賢岳の噴火災害の年。じつはその10年ほど前に長崎大水害というのがあって、行方不明者を入れると約３００人の方が犠牲になった。初めて自分の故郷が壊れた姿を見たんですよ。そのときに日本中から手を差し伸べてもらって本当に感激して、僕も思いついて、中野サンプラザホールで救済・支援コンサートをやって、そのときに４００～５００万円くらい長崎に持って行けた。

これは余談だけど、このコンサートは長蛇の列ができちゃって、たくさんの人が入れなくてね。でも、入れなかった人たちも、入場料を置いて帰ってくれたんですよ。「帰ってレコード聴きますから」って。そういうことがあったんだけど、「歌ってお金つくるだけでいいのかな」って思い始めたところへ、普賢岳の噴火災害があった。

歌を作るときには、「つらい人が聴いたら元気が出るかな」って想像しながら書くことが多いですね。それは、他の曲の場合でも同じで、例えば「こんなにお金ないんだったら死んだほうがマシだな」と思ってる人に、お金の話をしても埒《らち》が明かないから別の角度から命について考えてもらえるといいなとか、恋愛で悩んでる人には、「すごくつらいだろうけど、1年我慢してごらんよ」って言ってあげるのが一番いい回避の仕方になったりする。そのためのエールみたいなものを歌にすることが多いですね。歌を作るのはやっぱりエールだから。そして、自分に対するエールでもあります。もういまの人たちは知らないだろうけど、さだ研の岸くんが頑張ってくれてた頃っていうのは、僕は毎日テレビでもボロカス言われてたね。ボロカス言われてへこむんだけど、コンサートに行くとお客さんがいっぱいいてくれて「こんなに味方がいる！」っていうのは僕を支えてくれたね。だからいまでも、「あのお客さん」のために歌ってるようなところもありますよ。

《質問3》

研　最近、生命についての歌が増えたように思うのですが、やはり、若いときよりも年齢を重ねたいまのほうが生命について考える機会は増えているのでしょうか。

さだ 若い頃も生命についていっぱい歌ってはいるんですよ。ただ、歳をとったっていうのは大きな武器なんで。

少なくとも20代で **「残春」** を歌っても誰の心にも響かなかっただろうなと思います。 **「若さを嗤わず」** っていう言葉は20代では絶対に歌ってはいけない言葉だろうと思ってたし。でも、若い頃に **「残春」** で歌ったことを考えてなかったかといえば、ちゃんと考えてました。思想とか価値観ってそう変わらないから。ただそれを、ヌケヌケと口に出す歳になったってことはちょっと誇らしいですね。「俺は歳とったぞ！　若いお前には歌えないだろう」っていうのを歌ってやりたいとこがちょっとありますよね（笑）。若い頃から早くジジイになりたかったから、憧れのジジイに到達したんだよね。我が意を得たり、という。ただ、17歳でノイローゼになったときの自分に対する返事っていうのがなかなか難しくて、まだ書き終えてない。青春時代に何に傷つき、何を悲しみ、何に絶望し、そういったものは、そのときじゃないと叫べないっていうのはあります。もうそれは、いまの僕には不可能なことだから。逆に、いまの自分をきちんと出していかなきゃいかんなと思いますね。

あの頃、平和について歌うと「若造が」「若造に命の何がわかるんだ」って言葉が飛んできたし、「まことしやかに人生を語る若造」っていう批判も浴びてきた。人生を語るつもりはなかったんだけど、そういうタッチだったんだね。

だから、自分でも嫌われるだろうなと思うよ。いま振り返っても、23、24の若造に**「フレディもしくは三教街―ロシア租界にて―」**なんか歌われた日にはね、ふざけんな馬鹿野郎って気持ちはわかる。じゃあいま歌えばいいのかっていうと、この歳になったら違う目線で歌うでしょうね。もう見るものが違うだろうし、高さも違うし。歳をとった良さばっかりじゃなくてダメさも出てくるんで、そこを折り合いつけながら、それでも若い人が「あ、そうか!」っていうような発見を僕は続けていかないといけないし、歌にしていかなければいけないと思う。

あと、やっぱり歌を歌うっていう行為そのものが若さの象徴であったりするので、若い頃のほうがいかにも悲しみをぶつけやすかったね。いま怒りとか悲しみをストレートに投げると「その歳になって何言ってんの?」って笑われちゃうから、そこの兼ね合いってすごく難しいなと思います。でも、「あんなジジイがこんなこと言うか!?」っていうのも狙いどころではあるね。

《質問4》

研　さだ研の活動の中で、「風に立つライオン基金」の活動のお手伝いをさせていただきました。さださんの平和への想いや、被災地の方へ心を寄せているところを尊敬しているのですが、それを続けるのは本当に難しいことだと思います。その原動力はなんですか?

さだ　悲しいかな、毎年起きるんだよね、災害が。あのね、「災害」っていうカテゴリーはないんだよ。だから、「災害」に対して反応するというよりも、一つ一つの現場に対して反応するから、疲れはもちろんない。毎度、求められるものが変わってくるっていう不思議さは感じますが。
西日本豪雨災害が起きたその前の年ぐらいに線状降水帯っていうのが出てき

て、北九州の朝倉と東峰、日田がやられて、「さださんはいつ来るんですか？」って電話を東峰村の地区長さんからいただいて。そのときに初めて「災害が起きたらさだまさしが来ることになっちゃってるな」って気づいた。それまでは、勝手に僕が押しかけるんで、「迷惑だろうなぁ」と思って活動してたところもあるんですよ。でもそのとき以来、待ってる人が必ずいると思ってやってます。朝倉では、その日に仮設住宅に入ったっていう奥さんが泣き出しちゃってね。「ここにいたらきっとさださんが来てくれると思ってた。災害に遭ってよかった」とか言って、「バカなこと言うな」って言ったんだけどね。でも、どっかで待ってくれるというか、そんな人が一人でもいるかもしれないと思うから、もう怖くないですね。泉谷しげるさんじゃないけど、「一日一偽善」をやることにしてるんで、もう全然怖くないです。むしろ、コンサートによって、僕自身が日本中の人に生かされてきたんでね。お坊さんみたいなもんで、ずっと座禅・托鉢・辻説法をやってきたんです。座禅しながら詩を作り、托鉢、辻説法しながらコンサートで思ったことをしゃべり、歌い、お金を頂戴して、生活し、仲間で食わせてもらってやってきた。日本中からお布施いただいてきたようなもんじゃないですか。

もう一歩踏み込んで言うと、「宗教ってなんだろう」と僕はずっと考えてきて、「哲学に体温を足したのが宗教だ」ってことに気がついたんですよね。哲学っていうのは理屈ですから、本来、体温を持っちゃいけないんですよ。だけど、そこに体温を入れると、宗教にちょっと近くなる。歌っていうのは、その体温の部分を歌っていかなきゃいけない。そういう意味で、古くからずっと伝わってきている宗教の現場っていうのは好きですね。そこに身をおくとね、災害っていうのがまた別の見え方をするんです。「これは人ごとではない」「どうするべきか」っていう消えないエネルギーになる。そういう意味で、頑張って無理やりやってるわけじゃないんです。僕らはね、みなさんとみなさんの志と、それから現場でそれを使うべき人との間の「仲立ち」なんで、これにはすごく使命感を感じますよね。だから、その力は尽きないですね。

《質問5》

研　いまの10代・20代は、自分のことを「小さい存在」と思っている子がけっこういる気がします。そんななかで、さださんはももクロとコンサートでやりとりしたりして、若い子を盛り上げるのがとても上手だなと感じています。さださんが、いまの若い子たちを盛り上げるためにどんな話をされているのか、お伺いしたいなと思いました。

さだ　直接10代・20代の人と話をする機会はそんなに多くはないです。だけど、若い子たちと話してるときに感じるのは、選択肢が多すぎて迷ってしまう、自分の人生の将来が見えにくいってことがあるのかなってことです。僕らの世代が幸せだったのは、選択肢は三つぐらいしかなかった。いまは、例えば18歳で大人になるでしょう。それって相当たいへんだなと思います。僕らの時代のようにボーッとしてる時間が18歳からなくなるのかと思うとね。いま迷ってる子たちが、この時期に存分に迷えなくなるのはかわいそうだなと思います。こんなこと言うといまの大学生に叱られるけど、大学時代って僕らの頃は、人生を決めるまでの、ある種の逃げ場だったところもあるんだよね。

では僕が若い人たちに何をするって、僕は基本的な「愛情とは何か」っていうことを伝えていくのが一番かなと思いますね。もしも若い人に将来について相談を受けたら、「好きになる仕事を選びなさいよ。愛しかないよ。そしてまずは、その道のプロになることが一番じゃないかな」と言いますね。

例えば、自分の仕事に対する愛情のある人は、必ずその仕事の現場にいい意味で風穴を空けてくれるし、その現場をもっとよくしようと思ってる人は、他の現場もよくするよね。僕らの世界もそうだけど、新しい価値を持ち込んでくれる人って、常に異業種の人たちなんだよね。違う道のプロが別のところに入ってきたときに、びっくりするような風穴を空けてくれることがある。

愛があれば本当にどんな仕事でも楽しくなるし、愛がなければどんなに周りから見てうらやましい仕事でも楽しくないです。だから、ぜひ若い人には愛を持ってもらうために、「体温のある哲学」に触れてほしい。それは先輩の一言とか、師匠の一言とか、そういうものが哲学に体温を与えてくれる一番大きな存在だから。「上を大事にする、同時に下も大事にする」っていうパイプがうまくいってる業界っていうのは、うまくいくよね。だから、やっぱ愛じゃないですかね。すごく愛を持って自分の仕事を一生懸命やってるやつを見ると、どうにかこいつを楽にしてやりたいと思うし、もっといい思いさせてやりたいと思いますよね。

さだまさし解体新書
ターヘル・サダトミア

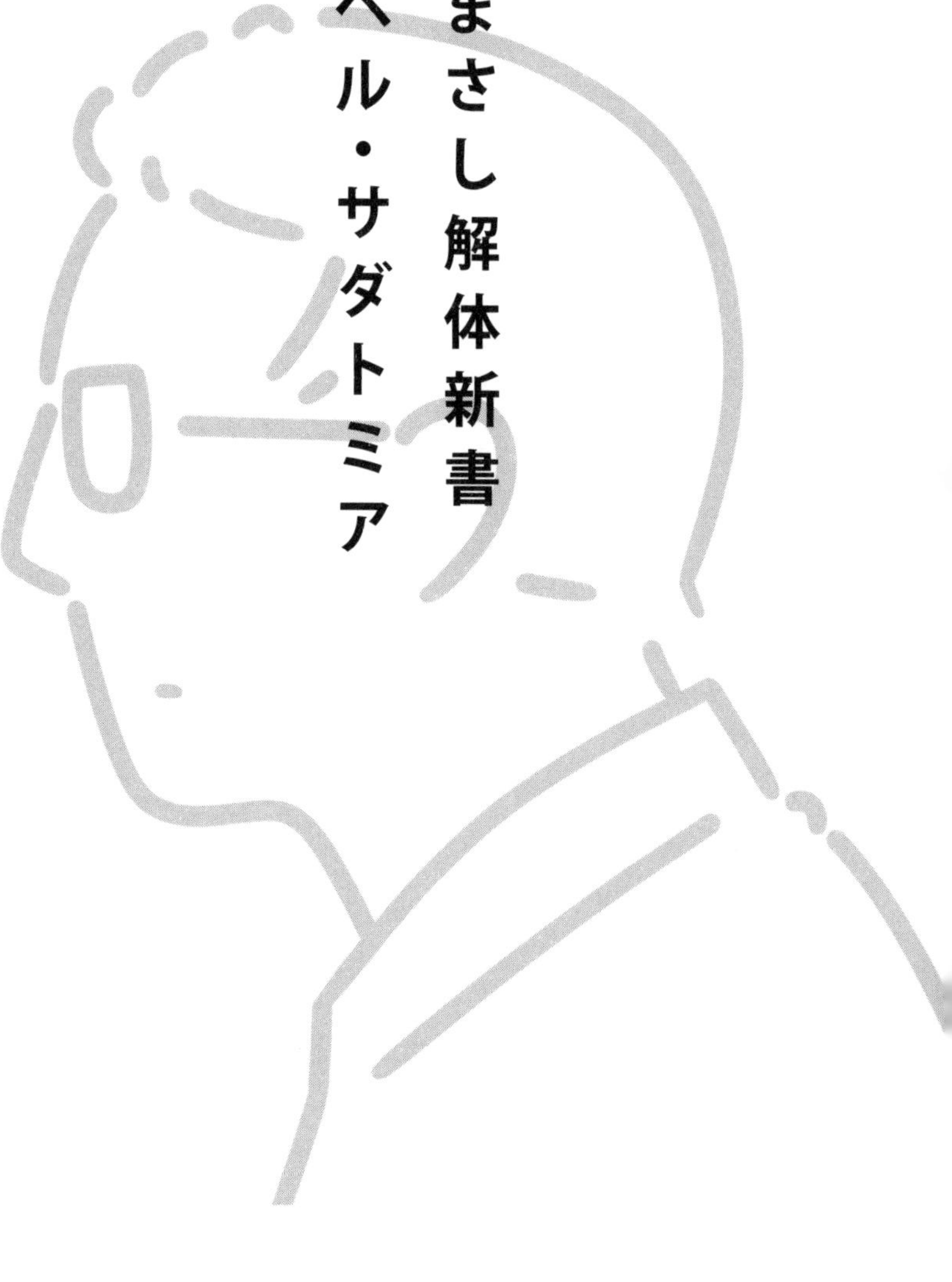

第1章

さだまさしのアクセント研究

「秋桜」の順行・逆行分析から探る

北山陽一
（ゴスペラーズ）

川原繁人
（慶應義塾大学言語文化研究所教授）

古澤里菜
（国際基督教大学大学院生）

プロの音楽家と言語学者たちによる知的冒険

北山陽一（以下、北山）　すみません、例のさださんのアクセント研究なんですが、思ったより難易度が高くて……。ぜひ、川原先生とお話しする中で、研究を導いてもらえないでしょうか。

川原繁人（以下、川原）　なるほど、やってみましょうか。北山さんとの付き合いも長くなってきて、僭越ながら、北山さんの言いたいことを引き出すのも上手くなってきた気がします。せっかくだから、この一年間、音楽の言語学的分析を私と一緒に探究してくれている古澤里菜さんにも加わってもらいましょう。

古澤里菜（以下、古澤）　よろしくお願いします。

■なんでプロの歌手がさださんを研究するの？

川原　ではまず、北山さんの研究動機からお話ししてもらっていいですか？　学問的に何故この研究が重要なのかは私も下調べをしてきました。でもその前に、北山さんというプロの歌手が、この研究に興味をもった理由が知りたいです。

北山　少し乱暴な分類になっちゃうんですけど、歌手って二タイプに分けられると思うんですよ。「響きを重視するタイプ」と「言葉を重視するタイプ」です。で、僕は後者なんですね。ですが、そうなったのは、けっこう最近の話なんです。最初は歌詞についてそこまで深く考えていなかった。だから、メッセージを伝えるためにどう歌詞を書いたらいいのか、どう歌ったらいいのか、考え始めると本当に難しい。そんな中で、日本語のメッセージの伝え方に秀でている人といえば、さださんじゃないですか。それに、さださんの音楽家としてのブレイクスルーを何度か近くで目の当たりにしているうちに、その背後にある仕組みをどうしても理解したくなったんです。

川原 なるほど、作詞家としてのお手本であるさださんの秘密を探りたくなった、ということですね。では具体的にアクセントについて研究しようと思ったのはなぜですか？　この用語を読者のために補足すると、日本語では音の高低だけで言葉の意味が変わることがあります。有名な例だと「雨」と「飴」。「雨」は「高低」だけど、「飴」は「低高」です。一般的には「イントネーション」と呼ぶこともありますが、言語学では単語レベルの変化には「アクセント」という用語を使います。「イントネーション」は、文レベルの音の高さの変化を指します。

ともあれ、歌詞に使われている単語自体がもつアクセントが歌のメロディーとどれくらい一致しているかを調べたかった、ということですね。で、分析の対象をさださんの曲に定めた、と。

北山 自分が歌っているときに、単語のアクセントとメロディーの不一致に負担を感じることがあったんです。例えば歌詞は「雨」なのに、メロディーが「低高」になっていると、それが「飴」じゃなくて「雨」であることを伝えるのに追加の歌唱力がいる。もちろん歌唱力で乗り切ればいいんですが、それでも負担が負担であることにかわりはない。それに、作詞家さんの中には、こういう不一致をあまり気にしない人もいる。そういう事情もあって、さださんが作詞した曲では、どれくらいアクセントとメロディーが一致しているかに興味がでてきたんです。

歌手として日本語と向き合うことと、作詞家として日本語と向き合うことは別物だと思うんです。ですから後者の指針の一つとしても、さださんの分析が役に立つんじゃないかなと思ったんですよね。

川原　さださんの歌を分析して得られる知見は、特に作詞家としての北山さんへの何かしらのヒントになりそうだ、と。同時に、アクセントとメロディーの不一致が負担だったということは、歌手としての北山さんにとっても得ることがありそう。つまり、音楽に関わる多くの人々に役立つかもしれないという思いがあったんですね。

北山 これも個人的な経験なんですが、作詞をしているときに、二つの選択肢で迷うことがあるんです。あきらかに片方の選択肢が良い場合は判断が楽なんですけど、その判断が微妙で難しいこともある。そんなときに、別の頼りになる指針があったら助かるなぁと思ったことが何度もあります。だから、例えばですが、アクセントとメロディーの一致が大事なんだと学術的に示せれば、それが一つの指針になるかもしれない、という希望がありました。その指針を他の作詞家の方々に押しつけるつもりはないんですが、「こういう考え方もあるんだよ」って示せたらいいなって。

川原 なるほど。俵万智さんと対談したときに、こんな話を聞きました。有名な「七《しち》月《がつ》六日はサラダ記念日」という句ですが、あれって「サラダ」が先にキーワードとして浮かんだそうです。そして、「サラダ」にぴったりな季節は「六月」か「七月」だろう、と。意味としてはどちらでもいいんだけど、「七月」と

「サラダ」だと語頭がS音で揃っていて聞き心地がいい。だから「七月」を選んだ。北山さんがおっしゃっていることは、これに近い気がします。選択肢が複数あるときに、言語学的な視点が指針になるかもしれない。こういう発言を音楽家から聞けるのは、言語学者としてとても嬉しいことです。

古澤　そうですね。私も言語学を勉強しながら、自分で音楽もやっていて、その融合に可能性を感じています。言語学のツールを用いると、なかなか見えてこない音楽の隠れた特性が見えてきたりするんです。私は城南海《きずきみなみ》さんの「こぶし」の研究をしているんですが、言語学的に音楽を分析すると、音楽に関しても言葉に関しても新たな発見があります。音楽と言語学、お互いに学べることがありそうです。

川原　素晴らしい。さて、もちろん、「さだまさしは偉大な作詞家」っていうだけでも十分な理由なんですが、他にも、北山さんがさださんを研究対象とした理由があれば、ここで明確にしておきましょう。

北山　これは僕の推測なんですが、さださんはアクセントとメロディーの不一致を歌唱力でねじ伏せるタイプではないと感じているんですよ。さださん自身が、自分で歌うこと自体はあまり好きでないと明言していますし、グレープでも、どちらが歌うかはじゃんけんで決めたっていう逸話が残っています。さださんが短編や長編の小説も書いていることを考えると、さださんって歌うこと自体よりも「メッセージを伝えること」に重心をおいているんじゃないかなと。そういう点を考えてもさださんを分析する意味があると思うんです。

川原　なるほど、納得しました。あとこれは研究の前提の話ですが、さださんは基本的に東京方言（共通語）を使っているという認識ですが、出身は長崎ですよね。それから津軽方言も話せるとか。

北山　そう。さださんって高木恭造という津軽方言で詩を書いていた方が大好きで、弘前まで定期的に会いに行っていたそうです。だから、津軽方言もばっちり話せます。僕は青森出身なのですが、僕よりも津軽方言が上手いです。

川原 日本語のアクセントって方言によってかなりの差がでますから、さださんが作詞するときに、どの方言を念頭においているのか、他の方言からの影響はないのか、なんかは心の片隅においておいたほうがいいかもしれませんね。

北山 はい。ただし、さださんは落語にも根っこを持っている方ですし、鼻濁音の使い方なんかも考えて、基本的に東京方言で創作していると想定していいと思います。

■ 今までどんな学術的研究がされてきたの？

川原 なるほど、だいぶ視界がはっきりしてきた気がします。北山さんから相談を受けてから、私も先行研究を掘ってみました。そうしたら、けっこうな量の研究がなされているので、びっくりしました。日本語のように、音の高さだけで意味が変わる言語って、世界中にたくさん存在するんですよ。で、言語学者にとっても、そういった言語において、単語が持っている音の高さと歌のメロディーにどう折り合いをつけるかって興味がある問題らしいです。

例えば、アフリカには声の高さで意味が変わる言語が多数存在するのですが、ハウザ語、ショーナ語、ズールー語などの研究が見つかりました[*1]。あとは、中国語も、声の高さが単語によって変わるので、研究が多かったですね。それから、アメリカ先住民族の言語であるナヴァホ語や、タイ語やベトナム語などの東南アジアの言語でも似たような研究がなされているようです。パキスタンやインド近辺の言語の研究もありました。これだけ世界中の言語で分析されているっていうことは、言語学者にとってもかなり気になる問題だっていうことですね。

そこで、これらの研究から見えてきた結論なんですが、まずやっぱり、歌を作るにあたって単語のもつ音の高さが無視されているっていうことはないだろう、と。それに、どうやら、この分析をするにあたって次の三パターンの区別が有用だろうということも分かってきました[*2]。

順行（parallel）：単語の音の変化とメロディーの変化の方向が一緒。
斜角（oblique）：単語の音は動かないけれど、メロディーが動く。またはその逆。
逆行（opposing）：単語の音の変化とメロディーの変化の方向が逆。

「順行」は、ふだん発音する通りにメロディーが動く場合で、「逆行」は上がるべきところで下がったり、下がるべきところで上がる場合です。「斜角」っていうのが良い日本語訳が思いつかなかったんですが、単語の音の高さは動かないのにメロディーが動く場合や、逆に単語の音の高さは動いているのにメロディーが動かない場合。もしかしたら、この二つは区別されるべきかもしれない。ともあれ、どうやら本当に嫌われるのは「逆行」だと。

日本語についてもいくつか研究がありました。まず小泉文夫という民族音楽学者が日本の歌も研究しているんですが、「逆行がけっこうあるのではないか」という例をいくつかあげています。[*3] 例えば **「通りゃんせ」** に出てくる「細道」

＊1 McPherson, L. & K. Ryan (2018) Tone-tune association in Tommo So (Dongon) folk songs. Language 91: 119-156 に有用な先行研究のまとめがあります。
＊2 前出の McPherson & Ryan (2018) 及び Ladd, R. D. & J. Kirby (2020) Tone-melody matching in tone language singing. The Oxford handbook of language prosody, pp. 676-687 参照。
＊3 小泉文夫（1994）『音楽の根源にあるもの』：平凡社ライブラリー。

は単語的には「低高低低」ですが、メロディー的には「高低低低」になっている。あとは、**「ハッピーバースデー」**の歌についても研究があって、あれって、最後の二音符に、祝われる人の名前を押し込めますよね？　その名前のアクセントがどんなふうであっても、同じように押し込められる、という指摘も見つけました。[*4] 歌のメロディーは「高低」ですが、「低高」をもつ「矢野」みたいな名前も、その単語のアクセントは無視されて歌われる。それから、童謡に関する研究もあって、この研究では「逆行が嫌われる傾向にある」ことが量的に示されています。[*5]

まぁ、正直「日本語の歌には、いろいろなパターンがある」としか言いようがない状態ですね。それぞれの研究での分析の対象になっている歌のジャンルも違うし、研究の数も少ないので。でも、これらの研究の結果をさださんの歌詞の分析結果と比べる意義はあると思うので、あとで戻ってきましょう。

■日本語のアクセントって何？

川原　北山さんは十二分にご存じでしょうが、日本語のアクセントシステムについておさらいしておきましょう。まず、日本語は、音の高さだけで単語の意味が変わることがあるのですが、音の高さの変化の仕方に制限があります。具体的には、単語中で音の高さが落ちることは一回しか許されません。三モーラ[*6]（＝三文字）の単語を例にとって考えてみましょう。

「涙」　なみだ（高低低）
「飲み屋」　のみや（低高低）

のように、一モーラ目から落ちるか二モーラ目から落ちるかで異なります。この音が落ちる直前部分を「アクセント核」と呼びます。日本語にはアクセント核がない単語もあって、そういう単語は音の高さが落ちません。例えば、「う

＊4　Kubozono, H. & A. Mizoguchi (2023) Text-to-tune alignment in Japanese “Happy Birthday to You”. Proceedings of ICPhS 2023: 580-584.
＊5　Cho, S. (2017) Text alignment in Japanese children’s song. Proceedings of the 40th Annual Penn Linguistics Conference.
＊6　「モーラ（mora）」とは、日本人が一般的に「ひとつの音」として認識する音の単位。ひらがな一文字に非常に近いが、「ゃゅょ」は1モーラに数えない。「拍」という訳もあるが、音楽の拍（beat）との混乱を招く可能性があるので、本稿では「モーラ」という用語を使う。

さぎ」は「低高高」で発音されます。でも、「おとこ」のように単独で発音すると「低高高」でアクセント核がないように思える語も、助詞の「が」をつけると「低高高低」となることがあり、この場合、最後のモーラ「こ」にアクセント核があるとみなします。完全に無アクセント語の「うさぎ」は「が」をつけても「低高高高」で音の高さが落ちません。

次に、「のみや」（低高低）「おとこ」（低高高）「うさぎ」（低高高）のような例を考えると、アクセント核が一モーラ目にない場合、普通は「低高」で始まります。ちょっと仰々しいですが、日本語ではこの現象には「句頭上昇」という学術用語がついているようですね。なぜ句頭上昇と呼ぶかというと、「うさぎののみや」というような句を作ると、「低高」は句の始まり、つまり「うさぎ」にだけ観察されるからです。ただ「句とは何か」っていうのは簡単には説明できないので、あとでじっくり議論したほうがいいと思います。

■どんな結果がでてくると思う？

川原　正直、日本語については先行研究も数が多くないし、さださんの歌詞の分析結果がどうなるかは見てみないと分からないです。ただ、他の言語のパターンから考えると、おそらく「逆行」は嫌われるのではないかと思います。ただし、嫌われ度が、他の言語よりも低い可能性もある。

というのも、日本語ではアクセントのみで区別されるペアが意外に少ないという事実があります。同音異義語がアクセントで区別されるものはわずか14％で、残りの86％はアクセントも同じ、という研究があります。*7 だから、日本語ではアクセントがそもそも意味の違いにそこまで寄与していない。「雨」と「飴」の違いって英語にはないものだから、その特殊性に目がいってしまいがちですが、有り体に言ってしまえば「そこまで大事ではないかもしれない」。それに対して中国語では、音の高さで意味が変わる同音異義語が70％を超える。だから、中国語の歌のほうが、単語のもつ音の高さを大事にしそうではあります。

北山　少し話がずれてしまうんですが、言語学の研究に基づいたこういう話って歌手

*7　柴田武＆柴田里程（1990）アクセントは同音語をどの程度弁別しうるか。計量国語学 17：317-327.

にとってすごくありがたいことなんです。アクセントとメロディーの不一致に苦しんでいる歌手がいたとして、「日本語のアクセントって、そこまで重要でもないよ」っていうのを数字で示してもらえるのは心強いことです。

川原　そう言ってもらえると、言語学者としてはとても嬉しいです。で、本題に戻ると、アクセントは方言差・世代差・個人差も少なくないので、日本人は「アクセントが違うこと」に慣れている可能性もあります。さきほど確認したささんがいくつもの方言を操れるということにも関わりますが、そもそも日本人は自分の発するアクセントパターンと違うものを聞き慣れている可能性がある。第一、アクセントが揺れる単語も少なくないです。「あたまが」は「低高低低」でもいいし「低高高低」でもいい。あと「専門家アクセント」っていう現象もやっかいです。これは「自分の専門分野の単語をアクセント核なしで発音しがち」という現象です。例えば、私は「マイク」は「高低低」、「レコーダー」は「低高低低低」と発音しますが、北山さんはどう発音します？

北山　「低高高」と「低高高高高」ですね。

川原　そうなんです。専門的に使う単語のアクセント核は消えがちなんです。[*8] だから、アクセント核の部分に逆行や斜角が見つかったとして、それは日本人がアクセント核が消える現象に慣れているからかもしれない。

古澤　ただ、形容詞は例外らしいです。例えば、「重い」とか「丸い」ってもともとアクセント核がなかったんですが、今ではアクセント核ありで発音される状況もあるそうです。[*9] 逆に「長い」みたいにもともとアクセント核がある形容詞は、そのアクセント核はほとんど消えません。ですから、形容詞と名詞だと振る舞いが変わるかもしれません。

川原　なるほど。分析のときに考慮しましょう。他にも気になる点があります。例えば、アクセントとメロディーが完全に一致していれば、それでいいのか、という問題。表現が良くないかもしれませんが、それって「つまらない」歌になっ

*8　井上史雄（1998）『日本語ウォッチング』：岩波新書。
*9　小林めぐみ（2003）東京語における形容詞アクセントの変化とその要因。音声研究7：101-113.

てしまわないか。それは朗読とどう違うのか。

北山 それはあるかもしれません。ある種の、ふだんの話し方と違う「驚き」というものも歌にとっての大事な要素なんじゃないかと感じることがあります。それにアクセントだけが語彙を選ぶ要素ではないとも思うんです。例えば「明るい音色の母音」をここにおきたい、というような要請も作詞には関わってきますし、メロディーとの一致だけを考えて単語を選んで、肝心のメッセージが伝わらなければ本末転倒です。

川原 あとは、これは音楽制作に関してはまったくの素人の私からの質問なんですが、曲を作るときって、メロディーが先にあって歌詞を当てはめるんですか？それとも、まず歌詞があって、そこからメロディーを作るんですか？

北山 そこはどちらの方法もあるだろうし、歌詞とメロディーを同時に作る場合もあると思います。さださんは、一日に五曲書いちゃうこともあるような人なので、いろいろな方法を持っていてもおかしくない。でも、一番と二番で違いがでてくることはあるかも。というのも、二番ではもうメロディーは完成している。だから、二番は「メロディーが先で、歌詞があと」。だから、二番のほうが不一致が多くでてくる可能性はあります。あ、**「シラミ騒動」**は例外ですね(笑)。あの曲は音階そのものを歌詞にしちゃったやつですからね。

あとこれはちょっと脱線しちゃうんですが、小椋佳《おぐらけい》さんは作曲するときに、歌詞を作ってから、それを何回も朗読するんですって。その朗読がいつの間にか歌になる。そうやって歌詞からメロディーを生む手法を使う作曲家さんがいるのは確かです。そういう人の歌を見てみると、おそらくアクセントとメロディーはかなり一致しているはずですね。

■ 実際にはどうやって分析したの？

川原　はい、では北山さんが実際にここまでやった分析について見ていきましょう。研究論文でいう「方法」の部分ですね。

北山　まず、研究対象として今回は「秋桜《コスモス》」を選びました。理由はいくつかあって、まず多くの人たちが知っている曲であること。それからメッセージ性が強いので、歌詞の意味の伝わり方を重視しているだろうということ。あとは、これはもともとは山口百恵さんに提供した曲なので、アクセントとメロディーの不一致を歌唱力でねじ伏せさせることは、あまりしないんじゃないかと予想しました。もちろん今回分析したのはさだささん本人が歌っているバージョンですが。最後に、この曲は五・五調がテーマになっていて、日本語としてリズムが崩れにくい作りになっていると感じました。

川原　なるほど、理想的にはもっといろんな曲を見てみたいですが、はじめの一歩を踏み出すのは大事なことですからね。

北山　さださんの曲って、「自分が歌う歌」「みんなで歌うための歌」「誰かに提供する歌」があるから、そこで違いがでてきてもおかしくないです。それに「命」

「平和」「愛」などがテーマになった特にメッセージ性が強い曲は、アクセントとメロディーの一致率が際立って高いかもしれません。

川原　さださんの曲を体系的に研究しようとすると、それだけで人生の大部分を捧げる必要がありそうなので、それは将来の課題、ということで。で、実際の分析方法を教えてください。

北山　音楽研究の難しいところの一つなんですが、さださんが楽譜通りに歌っているとは限らない。メロ譜（メロディーと歌詞が書かれた楽譜）がないか、さださんにお聞きしたんですが、「メロ譜通りに歌っているとは限らないよ」と言われてしまいました（笑）。メロ譜から自動的に音の高さを抽出できれば楽だったんですが、それは今回は無理、と判断しました。ですから、実際の歌のメロディーをいわむらはるかさんという方にコーディングしてもらいました。単語のアクセントパターンの抽出も最初は自動化してみたんです。OJAD（Online Japanese Accent Dictionary）という、文を入力するとそのアクセントを自動で推定してくれる、峯松信明先生が開発したプログラムを使いました。[*10] ただ、古澤さんと川原先生にその推定結果をチェックしてもらったら、これもやっぱり本来の発音を忠実に反映しているとは思えない部分が少なくありませんでした。

川原 ＯＪＡＤの注意書きに、実際の発話と異なることがあるかもしれない、とちゃんと書いてありますからね。そこで、古澤さんに手作業でのコーディングをお願いした、と。

古澤 私はほとんどずっと東京で育ってきたので、東京方言のアクセントでしたら、まかせてください。

川原 では、古澤さんがどうやって **「秋桜」** の歌詞のアクセントをコーディングしたか教えてください。

古澤　ちょっと専門的になってしまうのですが、正確さのために明記しますね。

川原　言語学をすでに知っている人以外は、難しすぎて何を言っているか分からないかもしれないので次の古澤さんの説明は飛ばしてもいいかもしれません（笑）。ただ、科学をやるためには、こういう細かい判断をして、それを明記することも論文を書くうえで大事なことなんです。

古澤　基本的に東京方言で、どのような音の高さになるかをコーディングしました。ただ、二つ以上の単語が連なっているとき、二個目の単語の最初に上昇があるかは判断が難しいんです。ですから、以下のような基準を設けました。歌でポーズがあった場合は、句の切れ目があるとして「上昇あり」。動詞句の始まりには、やはり切れ目があるとして「上昇あり」。無アクセント語とアクセント核がある語が連なっている場合は、二番目の単語には「上昇はなし」。ただし、無アクセント語が二つ続いて枝分かれ構造を持っているときには、それに続く単語には「上昇あり」。なんだか複雑だし専門家からは異論が出るかもしれま

*10　https://www.gavo.t.u-tokyo.ac.jp/ojad/

せんが、日本語の一般的な発音に照らしあわせると、こういう基準がいちおう妥当かなと思います。[*11]

あとは「なみだもろくなった」や「わたしのおさないひ」みたいな長い複合語や句の最後の単語（「なった」や「ひ」）はアクセント核があるにしても、音声としては、すごく小さく実現します。でも完全に消えているわけではないので、「あり」としました。最後に、長母音や「〜ん」で始まる単語の場合、ゆっくりとした発音でないと句頭上昇はないので、今回は「上昇なし」としました。これらの判断って、拘り出すときりがありませんし、「あり」「なし」って、どちらかの発音に定まるわけでもないと思いますが。

■どういうパターンが見えてきたの？

1）全体的な傾向

北山　そうして、この結果にたどり着きました（【表1－1】）。判定のマークは、そ

表 1-1 「秋桜」におけるアクセントとメロディーの関係

❶	0	1	-1	1	-1	0	1	-1	1	-1	0	1	2	2	-4
❷		↗	↘	↗	↘		↗	↘	↗	↘		↗	↗	↗	↘
❸		↗					↘				↗	↘			↘
❹		○	△	△	△		×	△	△	△	△	×	△	△	○
	う	す	べ	に	の	コ	ス	モ	ス	が	あ	き	の	ひ	の

❶	0	2	-2	-1	-2	0	2	-2	-2	-1	3	-3	1	2	2
❷		↗	↘	↘	↘		↗	↘	↘	↘	↗	↘	↗	↗	↗
❸		↗			↘		↗				↘	↗			
❹		○	△	△	○		○	△	△	△	×	×	△	△	△
	な	に	げ	な	い	ひ	だ	ま	り	に	ゆ	れ	て	い	る

❶	0	8	-1	1	-3	2	1	-3	2	1	0	-1	-2	0	-2	0
❷		↗	↘	↗	↘	↗	↗	↘	↗	↗		↘	↘		↘	
❸		↗				↗				↘	↗	↘		↗	↘	
❹		○	△	△	△	○	△	△	△	×	△	○	△	△	○	
	こ	の	ご	ろ	な	み	だ	も	ろ	く	な	っ	た	は	は	が

❶	0	0	0	2	0	0	0	-2	0	0	-3	3	2
❷				↗				↘			↘	↗	↗
❸		↗				↘	↗	↘		↗	↘		
❹		△		△		△	△	○		△	○	△	△
	に	わ	さ	き	で	ひ	と	つ	せ	き	を	す	る

❶ 音程の変化量 ❷ 音程の変化 ❸ アクセント ❹ 判定

＊11 日本語のアクセントパターンの実現の詳細に興味がある方は、Handbook of Japanese Phonetics and Phonology（２０１５、Mouton）に収録されているKawahara, S. "The phonology of Japanese accent", Ishihara, S. "Syntax-phonology interface", Igarashi, Y. "Intonation" の三論文をご参照ください。

❶	0	1	-1	1	-1	0	1	-1	1	-1	0	1	2	2	-4
❷		↗	↘	↗	↘		↗	↘	↗	↘		↗	↗	↗	↘
❸						↘	↗						↘		
❹		△	△	△	△	△	○	△	△	△		△	×	△	△
	え	ん	が	わ	で	ア	ル	バ	ム	を	ひ	ら	い	て	は

❶	0	2	-2	-1	-2	2	-2	-2	-1	0	3	-3	1	2	2
❷		↗	↘	↘	↘	↗	↘	↘	↘		↗	↘	↗	↗	↗
❸		↗			↘	↗		↘	↗	↘		↗			
❹		○	△	△	○	○	△	○	×	△	△	×	△	△	△
	わ	た	し	の	お	さ	な	い	ひ	の	お	も	い	で	を

❶	0	8	-1	1	-3	2	1	-3	2	1	0	-1	-2	0	0
❷		↗	↘	↗	↘	↗	↗	↘	↗	↗		↘	↘		
❸		↘				↗					↘	↗		↘	
❹		×	△	△	△	○	△	△	△	△	△	×	△	△	
	な	ん	ど	も	お	な	じ	は	な	し	く	り	か	え	す

❶	0	0	2	0	0	0	0	-2	0	0	0	2	0	0	0	2
❷			↗					↘				↗				↗
❸		↗					↘			↗	↘			↗	↘	
❹		△	△				△	△		△	△	△		△	△	△
	ひ	と	り	ご	と	み	た	い	に	ち	い	さ	な	こ	え	で

❶ 音程の変化量 ❷ 音程の変化 ❸ アクセント ❹ 判定

❶	0	0	0	12	-2	0	-2	-1	-2	0
❷				↗	↘		↘	↘	↘	
❸				↘	↗			↘		
❹				×	×		△	○	△	
	こ	ん	な	こ	は	る	び	よ	り	の

❶	0	-1	-2	-1	1	2	1
❷		↘	↘	↘	↗	↗	↗
❸		↗	↘			↗	↘
❹		×	○	△	△	○	×
	お	だ	や	か	な	ひ	は

❶	0	-1	-2	0	0	0	-2	-1	0	0	0	1	2	2
❷		↘	↘				↘	↘				↗	↗	↗
❸		↗	↘			↗				↘	↗			↘
❹		×	○			△	△	△		△	△	△	△	×
	あ	な	た	の	や	さ	し	さ	が	し	み	て	く	る

❶	0	0	0	12	-2	0	-2	-1	-2	0	8	-1	-2	-1	1	2	1
❷				↗	↘		↘	↘	↘		↗	↘	↘	↘	↗	↗	↗
❸		↗		↘	↗	↘		↗			↗	↘				↗	↘
❹		△		×	×	△	△	×	△		○	○	△	△	△	○	×
	あ	し	た	と	つ	ぐ	わ	た	し	に	く	ろ	う	は	し	て	も

❶ 音程の変化量 ❷ 音程の変化 ❸ アクセント ❹ 判定

❶	0	0	0	-1	0	0	0	0	0	0	-2	0	0	0
❷				↘							↘			
❸		↗			↘				↗	↘		↗		
❹		△		△	△				△	△	△	△		
	わ	ら	い	ば	な	し	に	と	き	が	か	え	る	よ

❶	0	0	-2	0	0	0	0	0	-1	-4	2	0
❷			↘						↘	↘	↗	
❸								↘			↗	
❹			△					△	△	△	○	
	し	ん	ぱ	い	い	ら	な	い	と	わ	ら	った

❶	0	1	-1	1	-1	0	1	-1	1	-1	0	1	2	2	-4
❷		↗	↘	↗	↘		↗	↘	↗	↘		↗	↗	↗	↘
❸		↗	↘				↗				↘	↗			↘
❹		○	○	△	△		○	△	△	△	△	○	△	△	○
	あ	れ	こ	れ	と	お	も	い	で	を	た	ど	っ	た	ら

❶	0	2	-2	-1	-2	0	2	-2	-2	-1	3	-3	1	2	2
❷		↗	↘	↘	↘		↗	↘	↘	↘	↗	↘	↗	↗	↗
❸		↘		↗	↘		↗	↘			↗	↘			
❹		×	△	×	○		○	○	△	△	○	○	△	△	△
	い	つ	の	ひ	も	ひ	と	り	で	は	な	か	っ	た	と

❶ 音程の変化量 ❷ 音程の変化 ❸ アクセント ❹ 判定

❶	0	8	-1	1	-3	2	1	-3	2	1	-1	1	-1	-2	0	-2
❷		↗	↘	↗	↘	↗	↗	↘	↗	↗	↘	↗	↘	↘		↘
❸		↗				↘			↗		↘			↗		
❹		○	△	△	△	×	△	△	○	△	○	△	△	×		△
	い	ま	さ	ら	な	が	ら	わ	が	ま	ま	な	わ	た	し	に

❶	0	0	2	0	0	0	-2	-3	3	2
❷			↗				↘	↘	↗	↗
❸		↗				↘			↗	↘
❹		△	△			△	△	△	○	×
	く	ち	び	る	か	ん	で	い	ま	す

❶	0	1	-1	1	-1	0	1	-1	1	-1	0	1	2	2	-4
❷		↗	↘	↗	↘		↗	↘	↗	↘		↗	↗	↗	↘
❸		↗		↘			↗	↘			↗	↘		↗	
❹		○	△	×	△		○	○	△	△	△	×	△	○	△
	あ	し	た	へ	の	に	づ	く	り	に	て	を	か	り	て

❶	0	2	-2	-1	-2	0	2	-2	-2	-1	3	-3	1	2	2
❷		↗	↘	↘	↘		↗	↘	↘	↘	↗	↘	↗	↗	↗
❸		↗	↘				↗		↘			↗	↘		
❹		○	○	△	△		○	△	○	△	△	×	×	△	△
	し	ば	ら	く	は	た	の	し	げ	に	い	た	け	れ	ど

❶ 音程の変化量 ❷ 音程の変化 ❸ アクセント ❹ 判定

❶	0	8	-1	1	-3	2	1	-3	2	1	0	-1	-2	0	-2
❷		↗	↘	↗	↘	↗	↗	↘	↗	↗		↘	↘		↘
❸		↗				↘			↗	↘	↗	↘			
❹		○	△	△	△	×	△	△	○	×	△	○	△		△
	と	つ	ぜ	ん	な	み	だ	こ	ぼ	し	げ	ん	き	で	と

❶	0	0	2	0	0	0	-2	0	0	0	2	0	0	0	2
❷			↗				↘				↗				↗
❸		↘			↗	↘				↗		↘		↗	↘
❹		△	△		△	△	△			△	△	△		△	×
	な	ん	ど	も	な	ん	ど	も	く	り	か	え	す	は	は

❶	0	0	0	12	-2	0	-2	-1	-2	0	8	-1	-2	-1	1	2	1
❷				↗	↘		↘	↘	↘		↗	↘	↘	↘	↗	↗	↗
❸		↗	↘					↗		↘		↗				↘	
❹		△	△	△	△		△	×	△	△	△	×	△	△	△	×	△
	あ	り	が	と	う	の	こ	と	ば	を	か	み	し	め	な	が	ら

❶	0	-1	-2	0	-2	-1	0	0	0	1	2	2
❷		↘	↘		↘	↘				↗	↗	↗
❸		↘			↗	↘		↗				
❹		○	△		×	○		△		△	△	△
	い	き	て	み	ま	す	わ	た	し	な	り	に

❶ 音程の変化量 ❷ 音程の変化 ❸ アクセント ❹ 判定

❶	0	0	0	12	-2	0	-2	-1	-2	0	8	-1	-2	-1	1	2	1
❷				↗	↘		↘	↘	↘		↗	↘	↘	↘	↗	↗	↗
❸				↘	↗			↘				↗	↘			↗	↘
❹				×	×		△	○	△		△	×	○	△	△	○	×
	こ	ん	な	こ	は	る	び	よ	り	の	お	だ	や	か	な	ひ	は

❶	0	0	-1	0	0	0	0	-2	0	0	0	-2	0
❷			↘					↘				↘	
❸					↘		↗	↘			↗		
❹			△		△		△	○			△	△	
	も	う	す	こ	し	あ	な	た	の	こ	ど	も	で

❶	0	0	0	-1	-4	2	0	0
❷				↘	↘	↗		
❸	↘	↗			↘	↗		↘
❹	△	△		△	○	○		△
	い	さ	せ	て	く	だ	さ	い

❶ 音程の変化量　❷ 音程の変化　❸ アクセント　❹ 判定

れぞれ、◯＝同方向に動く順行、空欄＝両方動きがない順行、△＝斜角、×＝逆行を表します。一見すると、単語のアクセントとメロディーががっちり一致しているわけではなさそうです。もう少し順行が多いと思っていたので、初めは衝撃を受けたのですが、じっくり見てみると、面白いパターンが潜んでいそうな感じです。

川原　たしかに「順行」（◯、空欄）ばかりではなさそうです。ただし、「逆行」（×）が多いわけでもないですね。けっこうな数の「斜角」（△）が見受けられる。つまり、単語の音の高さが動いていないときに、メロディーが動いたり、その逆の場合もけっこうある。日本語の声の高低変化は、主に句頭上昇とアクセント核による下降で現れるので、斜角が多くなるのは、そういった日本語の特性に理由があるかもしれません。それに、順行ばかりではない、というのは他の言語でも観察されるので、そこまで驚くべきことではないのかも。例えば、ハウザ語の歌では順行が53％、逆行が4％、斜角が43％。ショーナ語の歌では順行が53％で、逆行も33％見受けられる。[*12]とにかく過去の研究と比較するために、数を数えてみましょう（【表1-2】）。

今回のデータでは、斜角が多く、順行は全体の三割ほどでしょうか。さきほど紹介した日本語の童謡の研究では順行が50％を超えているので、それに比べれば「秋桜」は順行率が低いですね。ただ、童謡は子どもが歌いやすいように、アクセントに特に注意を払っている可能性がありますから、そこには留意する必要がありそうです。広東語の歌では順行率が92％らしいので、相当な違いがありますが、そこは日本語と広東語の言語学的性質の違いによる部分が大

表 1-2 「秋桜」における順行・斜角・逆行の数

順行	逆行	斜角	計
120(34.2%) 同方向に動く: 58 両方に動きなし: 62	40(11.4%)	191(54.4%) 語のみ動く: 49 メロディーのみ 動く:142	351

※両方動きがない場合、今回は順行とした。

＊12 前出のMcPherson & Ryan（2018）より。

きいでしょう。

2）大事なのは、はじまりか

古澤　二つの小節が何かしらのかたまりになっていて、その最初に逆行が少ない感じがしませんか？　【表1－1】を見ると、最初の部分に逆行も四箇所観察されますが、順行が多いように見えます。[*13] しかも、この曲で順行がどこに分布しているかといえば、この二小節のかたまりの最初に来る場合が多そうです。北山さん、この「二小節」って何かの単位になっている可能性はありますか。

北山　二小節を一つのかたまりとしたわけではなくて、意味のかたまりでまとめてみたつもりなんですけど、確かにそういうパターンが出てきていますね。

古澤　この曲は全体として、各二小節のはじめでメロディーが上がっているパターンが多いですよね。その部分に、もともと声の高さが上がる単語、つまり一モーラ目にアクセント核がない単語をあてはめているのかもしれません。

川原　人間言語って何はともあれ、「最初が大事」なんですよ。[*14] 単語の知覚でも語頭の音が非常に大事。さださんが、この二小節の出だしの部分に特別注意を払っている可能性は低くはないと思いますね。ただし、日本語は語頭にアクセント核がくる単語がもともと少ないのかもしれない。そうだとしても、そういう日本語の特性にマッチするようなメロディーをさださんが作っている可能性もある。

古澤　本当に最初が大事なのか印象論だけでなく計量的に考えたいので、数えてみました。今回は、順行部と非順行部に分けて比べることにしたんですが、曲全体で351モーラあって、そのなかで順行は、120モーラで34％程度です。そこで二小節ごと、四小節ごと、八小節ごとに、それぞれのはじめにどの程度順

＊13　この節における「二小節」は、北山さんが意味をもとに区切ったデータをもとにしており、「こんなこはるびよりの」と「おだやかな」および「もうすこしあなたのこどもで」と「いさせてください」は、【表1-1】と違い、一つのまとまりとして扱っています。

＊14　たくさんの研究がありますが、Smith, J.（2002）Phonological augmentation in prominent positions. Doctoral dissertation, University of Massachusetts' Amherst に分かりやすいまとめが掲載されています。

行が出てくるか数えあげてみました（【表１－３】）。
　表を見ると、割合だけを考えれば、小節のかたまりの最初の順行率は全体の順行率より高そうですね。

川原　ありがとう。すると、この違いが統計的に信頼できるものなのかが気になるね。理想的なやり方ではないんだけど、今回は時間もないし様子見としてやってみましょう。二小節目のはじめとその他の部分の比較を例にとりますね。古澤さんが計算してくれた全体の数値は、「二小節のはじめ」と「二小節のはじめでない部

表 1-3　各小節単位のはじめにおける順行と非順行の値の分布

	二小節ごと	四小節ごと	八小節ごと	全体
順行（○、空欄）	14(56%)	7(54%)	4(57%)	120(34%)
非順行（△、×）	11(44%)	6(46%)	3(43%)	231(66%)
計	25	13	7	351

分」が混ざっているので、それを二つに分けて改めて表にしてみます。【表1－4】の形にまとめると、順行と非順行の割合が、「二小節のはじめ」と「二小節のはじめでない部分」で統計的に異なるか、χ^2《かいじじょう》検定という簡単なテストで検証できます。結果は……χ^2値が4・696です。有意ですね。つまり、これは「はじめ」と「はじめでない部分」の順行率の違い（56％vs.33％）が偶然出てきたわけではなさそうだ、ということです。

古澤　でも、【表1－4】の分析ってすご

表 1-4　「はじめ部分」と「はじめでない部分」の比較

	二小節のはじめ部分	二小節のはじめではない部分	計
順行（○、空欄）	14(56%)	106(33%)	120
非順行（△、×）	11(44%)	220(67%)	231
計	25	326	351

く単純化したもので、例えば、Aメロ vs. Bメロ vs. サビとか、一番 vs. 二番といったような「その単語が曲のどこに出てきたものか」を区別していませんよね。それにやっぱり一曲分しかデータがないのも気になります。

川原 まさにその通りで、本当だったら複数の歌からデータを集める必要があります。その上で、順行と非順行の二項対立を「二小節のはじめであること」や「曲のどこの部分で出てくるか」、そしてそれが曲によってどう変わるのか、といった要因で一度にモデル化するべきです。そして、これは最近の私の拘りですが、ベイズ統計を使いたい。つまり「ベイズ一般化線形混合ロジスティック回帰」という呪文のような名前の分析法を使いたい（笑）。でも、今回は残念ながらそこまでやる時間はなさそうです。

3）音楽家として気になるあれこれ

川原　全体的な傾向だけでなく、北山さんが特に気になる部分についても議論していきましょうか。

北山　「ひとりごとみたいにちいさなこえで」や「なんどもなんどもくりかえすはは」の部分ってメロディー自体があまり動いていません。歌手として感じることは、これらの部分って、本当に大切なことを伝える前に力をぐっとため込んでいる部分なのかな、と。そこはばっちり順行しているわけではないけど、逆行もほとんど起こっていない。

川原　なるほど、「嵐の前の静けさ」ということでしょうか？　これらの部分でメロディーが動いていないのは、アクセントとは別の問題があるからかもしれない、ということですね。そういう感覚は音楽家ならではですよね。他に気になる箇所はありますか？

北山　これも歌手としての直感なんですが、「しんぱいいらないとわらった」の「わらった」の部分は、アクセントとメロディーがばっちり一致していると感じます。古澤さんは「わらった」の「わ」は下がらないとコーディングしているけど、ここは下がっていると判断してもいい気がします。ここはある意味「締め」の部分なので、順行が起きていると考えてもいいんじゃないかな。

古澤 そこは私もコーディング中に迷いました。たしかに下がった発音も可能だと思います。

川原 もしかしたら、意味が微妙に異なるってことはありませんか？「しんぱいいらないと」が「わらった」を修飾している場合は落ちない発音がよりしっくりきます。一方で、「しんぱいいらない」が実際のセリフとして意識されていて、それを引用しながら「わらった」といった場合、ちょっとした心理的な間があって、「わらった」の「わ」が下がっていてもいい。これは私と古澤さんの直感的な感覚なので、自信満々なわけではありませんが。もしかしたら、さださんはこういう細かいところを表現していて、北山さんは鋭くそれを感じとっているのかもしれない。言語学的な観点からだけでは、さださんがどういう意識を持っているかまでは判断できません。

北山　「わらった」の部分が、「落ち」というか「締め」というか、なにか歌の中で特別な意味をもっている感覚はあります。そして、そこでばっちりと順行していることは偶然ではないと感じます。

川原　十分あり得ることだと思います。「終わりよければすべてよし」ではないですが、最後にピシッと決まると、そこで締まるんでしょうね。いま話してくださった二つの例は、歌手だからこその感覚というか、非常に興味深いですね。おそらく、言語学者だったらそこまで気にしない部分かもしれません。逆に、この議論から北山さんの歌手としての拘りが垣間見えるというか。改めて、歌手としてこの分析に取り組むのは、気になることが多すぎて大変そうだなぁと（笑）。

古澤　先ほどの「わらった」に似た例ですが、曲の最後の「いさせてください」の部分も興味深いと思いました。ふだん発音する場合は「いさせてください」がひとまとめになって、「ください」の最初に上昇は起こらないほうが一般的だと思います。でも、さださんの歌い方だと上昇が起こっていて、これはもしかしたら「ください」という「お願い」を際立たせているのかもしれない。日常会話でも、「ください」を強調するために、その前に間をおいて上昇を実現させる形も可能なので、メロディーのためだけに上昇を作っているわけではなさそうです。

川原　つまり、発音というのは一通りに決まるものではなくて、微妙な意味の違いが音の変化に影響します。さださんは歌い方を通して、その微妙な意味の違いを伝えている可能性がある、ということですね。

古澤　はい、その点に関して補足したいです。例えば、「えんがわ」はゆっくり発音しないと、句頭上昇はないので、今回は「上昇なし」としましたが、メロディーは上昇ありになっています。ただ「しんぱい」の例では、メロディーが動いていません。日本語で「～ん」で始まる単語の場合、上昇ありと上昇なしの発音が両方可能なのですが、さださんはどちらの可能性も考慮に入れてメロディーを紡いでいるのかもしれません。

4）言語学者として気になる「専門家アクセント」の影響

川原　古澤さん、専門家アクセントという現象が影響を及ぼしていると考えられる例はありますか？　復習すると、日本語では本来はアクセント核を持っている単語がアクセント核なしで発音される例が多いので、日本人は「アクセント核が消える」という現象に慣れているのではないか。だからアクセント核での逆行や斜角は多く許されるのではないか、という予想を立てました。

古澤　一番だけ見ても例が多くでてきました。例えばですが、「おさないひの」「くりかえす」「みたい」「ちいさなこえで」「とつぐ」「わらいばなし」「ときが」。

川原　非常におもしろい！　必ずしも専門用語ではないけれど、「アクセント核は消してもいいよ」っていう一般化が働いている可能性があるってことだね。逆にこの理論に基づくと、もともとはアクセント核がないのに、アクセント核があるかのように発音されている例は少ないはずなんだけど、どうでしょう？

古澤　こちらもけっこうありました（笑）。「うすべに」「ゆれている」「アルバム」「わたしの」「ひとりごと」「わたしに」「しんぱい」など。

川原　残念（笑）。しかもこれらの例って形容詞じゃないから、形容詞の特別な振る舞いに帰することもできないね。じゃあ専門家アクセントという現象が、アクセント核ありの単語をアクセント核なしのメロディーで歌うことを許しているわけではなさそうですね。私の予想は外れていました。

■この研究から何が見えてきたの？

川原　このプロジェクトって学術的にも意義があることだと思うんです。世界各国の言語で研究されている議論に対して、日本語ではどうなのか、っていうのを計量的に示せた。これだけでも十分に価値のある第一歩です。さらに、私としてはプロの音楽家として北山さんが学んだこと――まぁ、感想ですね――をお聞きしたいです。

北山　とんでもない沼に飛び込んでしまった感覚はありますが、学びしかなかったですね。というのも、例えばさっきも言いましたけど、最初は全部自動化できる、と思っていたんです。でも、手作業でやらなきゃいけない、となったところで、自分が何を分析対象にするのか、何を考慮から外していいのかについて向き合う必要があった。はじめは曲のピッチ曲線を全部抜き出して、朗読した場合の発話の曲線と直接比べてみようなんて思っていたんですが、それも無理だとすぐに気づきました。

川原 そうですね。すべての要素を考慮に入れていたら、分析を始められない。最初の一歩を踏み出すためには簡略化は必要です。だから、そこで北山さんが悩んだっていうのは研究者としては正しいことだと思います。

北山 はい。でも、その悩みがあったからこそ、「自分は歌で何を大事にしているんだろう」っていうことに対して、改めて向き合えた。

川原 さださんの曲を分析する中で、自分の姿が見えてきたんですね。実際に先ほどの議論の中でも北山さんの音楽家ならではの拘りがでてきてましたもんね。

古澤 今回はアクセントだけを気にして、声の高さをコーディングしましたけど、実際の音声は、もっと複雑なんですよね。北山さんと議論しているうちに、アクセント核のあるなしだけでなくて、もっと細かいコーディングが必要なんじゃないかと思ってきました。

川原 そうだね。例えば、アクセント核がなくて「高」が連続するとき、その「高」は少しずつ落ちていきます。あとは、文章の後半にいけばいくほど、音の高さって全体的に下がっていくので、アクセント核の山の実現も弱くなる。古澤さんも指摘していましたが、**「わたしのおさないひ」**のような長い句では、最後の「ひ」のアクセント核は音声的に非常に弱くしか実現しないし、実際に**「秋桜」**では、その部分で逆行が起きている。でも、今回のコーディングはこういう要因をどれも考慮に入れていない。だから、今回の分析は北山さんやさださんの感覚を全部すくいきれていない可能性が高い。

北山 正直、分析前はもっと順行率が高いと思っていました。最初の分析結果を見たときに、あまり順行していなかった。でも、そこで「はい、間違っていました」じゃなくて、川原先生と古澤さんと一緒にデータとにらめっこすることで、もっとおもしろい洞察が見えてくるんじゃないかと思えた。常に一致していなくてもいい。アクセントが一致するべき「肝の部分」があるんじゃないかと。その気付きは自分の歌にも活かせそうな気がします。アクセントとメロディーを合わせることが違反不可能な基準ではないことを身に染みて理解できたのも収穫かもしれません。「コスモス」みたいなみんなが知っている単語は逆行してもいいかもしれないし、その逆行によって得られる音楽的な効果もあるかもしれない。

川原 そう、今回は分析前には考慮に入れませんでしたが、「コスモス」ってアクセントを変えても意味が変わる単語ではない。それも、逆行が許される理由の一つかも。これは窪薗晴夫先生があげている例ですが、南こうせつとかぐや姫の**「神田川」**の中で、歌詞は「洗い髪」なんですが、「あらい」と「がみ」の間に少し間があって、「髪」に上昇メロディーがついている箇所がある。すると、「洗い髪」というよりも「粗い髪」という句に聞こえてしまって、実際にそう誤解している人も多いそうです。[*15] さださんはそういう決定的な誤解を生むような逆行は避けている可能性がありますね。

古澤 今回分析した歌の中にも、それを示す具体的な例があるかもしれません。例えば、「おさない」は「幼い」という形容詞としてはアクセント核がありますが、「押さない」という動詞として発音すればアクセント核がない。この歌では形容詞的に使われていて、メロディーもアクセント核がある形と一致していま す。また、**「時が変えるよ」**の「変える」はメロディーが逆行してしまうと「帰る」に誤解されてしまう可能性があるんですが、ここでは逆行が起こっていません。同じように**「生きてみます」**の部分も「みます」で上がると「生きて、そして、見ます」と誤解されかねませんが、そういった逆行は観察されません。

川原 こういう例を考えると、たしかにさださんが「肝所を押さえている」って考える理由にはなりますね。もちろん、個別の例をあげるだけでなく計量的に示す必要はありますが。

―＊15 窪薗晴夫（2017）『通じない日本語』：平凡社。

古澤　ただ、この歌の中にでてくるアクセントだけで意味が変わる単語の量が多くないので、計量的な分析はまだ無理だと思います。

川原　アクセントだけで意味が変わる単語をさださんがどう扱っているかを調べるのは将来的な課題ですね。例えば、さださんの他の曲で「帰る」と「変える」がどのように扱われているのか。「雨」や「飴」という単語だけを分析してみるのもいいでしょう。あとは、さださんが「カエル」が「帰る」曲を即興で歌ったらどうなるんでしょう（笑）。

古澤　さらに気になるのが、母音の無声化の影響ですね。「い」とか「う」は無声音に囲まれると無声化しますが、そうすると、その母音の音の高さは聞こえなくなります。そういうときには、そもそも「一致しているかどうか」を考えなくていいかもしれません。

川原　さださんが、歌手として発音上の一致を考えているのか、それとも聞き手にとっての一致——つまり聴覚上の一致——を考えているのか、という問題に関わりますね。

北山 さださんは聞き手にどう聞こえるか、つまり聴覚上の一致を大事にしてそうですけどね。僕も、自分が歌うときには、そういう意識を持っています。大事なのは自分の発音の感覚ではなくて、聞き手にどう伝わっているか、ですから。

川原 我々が音声を発するために器官を動かすとき、その動かし方は、調音上の動きそのものが問題になっているのか、それとも、その動きの結果としての聴覚印象が重要なのか。これは音声学という学術分野においても大きな問題でまだ決着がついていません。

北山 なんか分析したい要素がいろいろ増えちゃいましたが、それらは宿題で（笑）。本当にやろうと思ったら五年はかかりそうですね。さださんの五十五周年には間に合うかもしれません。こう考えると、やっぱりさださんの他の曲もちゃんと分析してみたい。それに、他のジャンルの曲とも比べてみたいですね。例えば、ディズニー映画の曲を日本語にしたものは、すでにメロディーができあがっていて、当てはめる歌詞の意味的にも制約がある。そんな制約だらけの歌ではどうなるのか、とか。

川原 沼ですね（笑）。でも、研究ってそういうものなんですよ。一個分かると、分からないことが十個くらい増える。

では、最後に北山さんに締めの感想を伺えますか？

北山 広い音楽の世界を見渡すと、僕は歌の「天才」にはほど遠い。天才ってもちろん才能だけで努力が要らない人ではなくて、努力ができる天才っていうことなんですが。だから、僕は何か別の「はしご」が欲しい。そして理屈っぽいから、それが「論理的に考えられる何か」であると、なお助かるんですよ。だから、こうやってさださんの歌を学術的に分析してみる経験って、そういうはしごになってくれるかもしれないって痛感しました。まぁ、究極的には「僕自身が、さださんについて、そして音楽についてもっと知りたい」っていう気持ちが一番なんですがね。さださんの分析を通じて「音楽とは何か」が分かってくるかもしれない。そんな夢を抱きながら、これからも分析を続けていきたいです。

川原・古澤　北山さんというプロの音楽家が、本気で言語学研究に取り組んでくれているという事実自体が、言語学者としては嬉しいです。

北山　こうやって先生や研究の先輩と一緒に議論できて楽しいです。音楽家としても「研究って本当に楽しい!」ということを世間の人たちとシェアしたいですね。音楽の世界と研究の世界との溝を埋める役割を果たせるのであれば、それだけでとても嬉しいです。

《スペシャルサンクス》
峯松信明先生

池滝俊太
いわむらはるか
龍宏美
ＩＣＵの学生たち＠川原のセミナー
三摩朋弘
上田健太

第2章

「水底の町」の時代

さだまさしの歌世界民俗誌

伊藤龍平
（國學院大學文学部教授・博士）

いま・ここを描いた歌世界

プリズムを透過した光線が幾重もの光彩に分かれるように、さだまさしの歌詩と旋律と歌声の三角点を通すと、ありふれた日常の風景や出来事が生き生きと輝きだす。何ということもない「忘れ去られたテニスボール」（「軽井沢ホテル」）、「壁のデジタル時計」（「最終案内」）、「国道沿いを西から東」（「きみのふるさと」）、「煮凝《にこごり》を喰う」（「寒北斗」）といった言葉が、魔法にかかったように鮮やかに立ち上がってくる。言《こと》霊《だま》の力とでもいおうか。さだの歌詩と旋律と歌声とによって紡ぎ出されるのは、歌世界と呼ぶべき小宇宙である。

さまざまな光り方をするさだの歌世界に通底するテーマの一つに、失われたもの／失われゆくものへの哀惜の念がある。さだの歌世界では何かを失った、あるいは失いつつある人々が、さまざまな角度から描かれている。

それは例えば、恋の終わり。ホノルルの空港では、男女の別れが男性の視点から「為す術もなく一輪の花が枯れてゆく」と描かれ（「虹の木」）、鉢植えの前では、別れを切り出した女性の戸惑いが「さよならの響きに自分で驚いて」と描かれる（「デイジー」）。

それは例えば、愛する者との死別。夫を失った女性は彼が愛した「オン・ザ・ロック用のお酒」を求めて市場へと出向き（「セロ弾きのゴーシュ」）、恋人を事故で失った男性は彼女の人生を「何かを急ぐ旅の様だった」とふり返る（「みるくは風になった」）。

いずれも何気ない日常が、失われて初めて、かけがえのない日々だったと気がつく物語である。「本当は　とても幸せだったと　あとで気づいた」（「おむすびクリスマス」）、「まさか君が想い出に　なるとは思わなかった」（「八月のガーデニア」）――そしてその物語の中心には、いま・ここに生きている人たちがいる――たとえ「小さな物語でも　自分の人生の中では　誰もがみな主人公」（「主人公」）。さだの歌世界が共感を呼ぶのは、誰もが経験してきた普遍を歌い続けているからだろう。

いま・ここを生きている人々について考えるのが民俗学である。さだの歌世界に描かれるのは、民俗学が明らかにしようとする事柄である。菊地暁は「民俗学とは、人々の『せつなさ』と『しょうもなさ』に寄り添う学問」だとしている（『民俗学入門』２０２２年、岩波書店）。さだの歌世界には矮小だが愛すべき、いや、矮小であるからこそ愛すべき普通の人々の人生が描かれている。そうした名もなき人々の、ささやかで愛おしい人生を切り取ったものが民俗誌（調査にもとづいて民間伝承を記述した本）である。さだには「精霊流し」や「修二会」のように直接的に民間伝承をテーマにした歌もあるが、例えば「雨やどり」や「朝刊」のような日常を歌ったコミックソングであっても、現代の民俗誌となっている。この文章では、さだの歌世界を民俗誌として読み解いていきたい。

　失われゆくものへの志向は、時に「前夜（桃花鳥）」、「空缶と白鷺」、「神の恵み～A Day of Providence～」などの社会性を帯びた作品群を生む。「やはり僕たちの国は残念だけれど何か　大切な処で道を間違えたようですね」（「風に立つライオン」）。来し方を思い、行く末を見晴るかす。それは日本が列強に追いつこうと背伸びをしていた近代に、あるいは敗戦によって焦土と化した日本を復興させようとしていた戦後間もない頃に、経世済民の学として、あるいは新国学として構想された日本民俗学の方向性でもあった。

一方、失われゆくものへの志向は、時に古典憧憬へとも結びつく。古語が散りばめられ、文語調で綴られる**「まほろば」「春告鳥」「飛梅」「玻璃草子」**……等々の作品群には、失われゆく日本の美が描かれている。古典とは古い時代の作品のことではない。いにしえに思いを馳せつつも、いつまで経っても古びずに、新しいままでいるからこそ古典と呼ばれるのである。言霊を操り失われゆくものに命を吹き込むさだの歌世界は、古典と結び付くことによって、それ自体が古典化してゆくものだった。民俗学と古典研究を看板とする國學院大學にさだが在籍していたのは、偶然ではない。

さだの歌世界のなかでも、故郷との別れを歌い上げたものは、よりいっそうの「せつなさ」と「しょうもなさ」（この場合は「どうしようもなく矮小な自分」の意味）が感じられる。そのノスタルジアの根底には、さだ自身が中学生のころに長崎を去り東京で暮らしていたこと、家業の傾きにより幼き日の風景が遠のいたことが挙げられるだろう。富澤一誠『さだまさし　終りなき夢』（立風書房、1979年）や、さだの自伝的小説『ちゃんぽん食べたかっ！』（NHK出版、2015年）に、その時期のさだが描かれている。

さだの故郷への思いが直截に示されたものとして、初期の作品**「案山子」**を挙げるのはありきたりに過ぎるだろうか。「元気でいるか　街には慣れたか　友達出来たか」と始まる「手紙」の一節には、「お前も都会の雪景色の中で　丁度あの案山子の様に　寂しい思いしてはいないか　体をこわしてはいないか」とある。

「案山子」の歌世界の背景には、高度経済成長期の、人の移動が盛んだった時代の空気がある。この曲がヒットしたのは、進学や就職のために地方から都市へ人々がやって来た時代、無数の案山子たちがいた時代だからだった。

故郷喪失者たち

若い頃に書いたエッセイの中で、さだは**「案山子」**についてこう述べている――「この曲を発表して、都会の案山子の多さに驚かされました。僕も案山子です、といった葉書がたくさん舞い込んで来ましたから」（『さだまさし　時のほとりで』新潮社、1980年）。**「案山子」**のシングルがリリースされたのが1977年。このとき葉書を書いた案山子たちの中には、故郷に帰らず、都市に根付いた人も多いだろう。地方では過疎化が進み、故郷が都市に呑み込まれてゆく時代だった。

個人的なことを書けば、私もまた、進学をきっかけに地方（北海道）から都市（東京）に移り住んだ案山子の一人で、だから、この歌世界に共感した。息子を送りだす両親の心情は言わずもがな。ちなみに、私の従兄も故郷を離れて都市へ向かった案山子で、伯母（従兄の母）は**「案山子」**を聞くと涙が出ると言っていた。そして、私も従兄も故郷に帰らぬまま歳月を重ねて、今日に至っている。

とはいえ、私とさだとは20歳の年齢差があるので同列には捉えられない。先のエッセイでも、さだは最近（１９７０年代後半）の案山子たちについて、「僕が案山子だった頃に比べると、何としっかりしていることか」と、世代差に触れている。このエッセイを執筆した時点のさだは28歳なので、その当時の若者たちとの年齢差は10歳足らずなのだが、高度経済成長期の日本は時の流れが速かった。いまでも都会の雪景色に佇む案山子たちはいるが、デジタル・ネイティブの世代の感性は、ちょっと測れない部分がある。しかし、そうした指摘はできるにせよ、故郷を離れた人の気持ちはそう変わらないだろう。

ディスコグラフィーを辿ると分かるが、さだの歌世界には、案山子たちのドラマが描かれることが多い。ランダムに挙げていけば、**「風の篝火」「人買」「安曇野」「距離」**……等々。歌世界に描かれる案山子たちの葛藤や懊悩はさまざまだが、そうしたなかにあって、都会暮らしの苛立ちがストレートに表されたのが**「普通の人々」**である。歌詞では「例えば朝の電車　みんなの顔が同じに見えて来る」という青年が、「好きな人はいるよ　あたり前にね　愛し合っているよ　友達も多い方　いい奴ばかりで　僕は普通なんだろう?」と投げやりに自問自答し、「何も気にする事なんかな

い　なのに何か不安で」と独白する。

「普通の人々」の青年の同類とみなせるのが「1989年　渋滞―故 大屋順平に捧ぐ―」の主人公である。「故郷の香り　そこら中まき散らし乍ら」都会暮しをしているミュージシャン志望と思われる彼は、東京とおぼしき大都市に対して、「札束で人の夢の頬を叩く町」「憎み乍ら好きでたまらない不思議な町」と、愛憎半ばする思いを吐露している。

作中、この二つの歌世界の主人公が地方出身者であるか否かは明らかにされていない。しかし、この苛立ちは都市生活者に特有のものである。二人とも、内面世界はともかくとして、実生活ではそれなりに世間と折り合いを付けながら生きていると察せられる。にもかかわらず、彼らのフラストレーションは最早、ピークに達している。群衆の中にいて感じる孤独。その原因を煎じ詰めると、都市で暮らす者の身の置き所のなさにつながる。

さだの歌世界の一角に、失われた／失われつつあるものへの哀惜の念があることは最初に述べた。それらの歌世界の主人公は何かを失った／失いつつある人々である。とりわけ印象深いのが、よんどころない事情によって故郷を失った人々の歌である。

故郷喪失者を歌った作品のなかでも、**「水底の町」**はその設定という面で異彩を放つものとなっている。以下、一番の詩を引用する。

八幡様の境内の　楠にはリスが住んでいた
石段下の泉には　螢が飛んでた夏の日
裏山へゆけばクワガタや　カブトムシやアゲハチョウがいて
夕立のあと夏草の　匂いが死ぬ程　好きだった
遠くでお寺の鐘が鳴って　どこかの焚火の煙が
狭い谷間に重なるように　じっと蟠《わだかま》っていた
僕の育った小さな町は　五年前の今日　湖の底に沈んだ

冒頭から、昔話の世界を思わせる郷愁を誘われる言葉が、ゆったりとしたメロディーに乗せられて流れてゆく。牧歌的な、典型的な日本の田舎の夏景色。過去形で綴られていることから、追憶の彼方にある風景であることが聴き手に示されるが、最後の一連に及んで、それがただのノスタルジーではないことが明かされる。「僕の育った

小さな町は　五年前の今日　湖の底に沈んだ」——そう、次々とダムが建設されて、日本の国土が変貌していった、あの時代の歌世界なのである。

私は、**「水底の町」**は、高度経済成長期に、国の姿・人の心が変わりゆくなかで、滅びていった自然と村々に向けての挽歌（死者を悼む歌）だと思っている。

湖の底に眠る夢

いつの世でも、どこの地でも、治水は為政者たちの関心事の一つである。水害が多く、水田稲作を基としてきたこの国の為政者たちにとって、治水＝治世だったとしても過言ではない。歴史を遡れば、日本のダム建設は前近代（江戸時代以前）から始められていたが、本格化するのは、近代に入ってからである。そして高度経済成長期の1960年代から1970年代にかけての20年間が、ダム建設のピークとなる。それは、当該地域の村々が――すなわち、人々の暮らしが湖の底に沈んでいった時代であることを意味する。

日本はダムの多い国である。国土交通省のホームページには「現在までに建設された全体のダム数は約2700」で、「日本のダム数は世界有数であり、国土面積に対する設置密度で見るとおそらく世界でも最高レベル」とある。[*1]

歌詩には、**「水底の町」**のダムの建設時期がいつなのか明示されていない。「五年前

の今日　湖の底に沈んだ」とあるので、同曲が収録された『夢回帰線Ⅱ』がリリースされた1990年を起点とすれば1985年となるが、歌世界の中の現在が、制作年と一致するとは限らない。**「水底の町」**をモチーフとして書かれたさだの小説「水底の村」（『解夏』2002年、幻冬舎）では、主人公の故郷がダムの底に沈んだのは、1974年となっている。

水没した村の名、ダムの名も歌詞にはないが、「水底の村」では栃木県白鹿村の本隈地区という架空の土地とされている。なお、栃木県のホームページによると、栃木県内のダムの主なものとして、那珂川水系に四つ（西荒川ダム、塩原ダム、寺山ダム、東荒川ダム）、利根川水系に三つ（中禅寺ダム、三河沢ダム、松田川ダム）が載せられている[*2]。

さだの脳裏に、特定のモデルがあったのか否かはさておき、確かなのは、日本全国に**「水底の町」**と同じ運命を辿った自治体が数多くあり、その自治体の数だけ、故郷を失った人たちがいたことである。そうしたダムの底に沈んだ村の民俗誌もいくつか編纂されており、今日では貴重な記録となっている。ここでは2冊紹介しよう。

大西暢夫『ホハレ峠　ダムに沈んだ徳山村　百年の軌跡』（2020年、彩流社）

＊1　「ダムコレクション」国土交通省、https://www.mlit.go.jp/river/damc/special/vol04/vol4_1.html、2023年6月閲覧。
＊2　「県土整備部管理ダムについて」栃木県、https://www.pref.tochigi.lg.jp/h07/kanridam.html、2023年6月閲覧。

は、岐阜県揖斐郡にあった旧・徳山村の住人からの聞き取りに基づいている。著者は、徳山村と同じ揖斐郡の池田町出身のカメラマン。同書のプロローグで綴られた都市と故郷への思いは、どこか**「水底の町」**の主人公を思わせる。徳山ダムの事業着手が1971年（竣工は2008年）、徳山村の廃村は1987年で、**「水底の町」**の時代と重なる。

渡辺節子編著『奥多摩の世間話　ダムに沈んだ村で人々が語り伝えたこと』（2010年、青木書店）は、東京都西多摩郡にあった旧・小河内村《おごうちむら》の口頭伝承を記録した資料集。編著者が同地を訪れて旧住民から聞き取りをしたのは1970年代で、小河内ダム（奥多摩湖）の竣工は1957年で、時代的には『ホハレ峠』よりやや遡る。同書には、戦前（1940年）に編纂された「小河内乃郷土伝説」も併せて収録されている。

ダム建設によって故郷を離れることを余儀なくされた人たちは、その後、どのような人生を歩んだ（歩んでいる）のだろうか。**「水底の町」**の二番では、故郷を離れた主人公の青年の現在が、次のように描かれている。

僕は都会のアパートで　ささやかに独り棲んでいる
酒を借りては友達に　愚痴をいう日もあるけれど
何かこうして暮らすことが　長い夢をみているような
どこか本気じゃないような　思いになるのは何故だろう
本当の僕はどこかにいて　僕を捜しているようだ
ビルの谷間で夢たちが　じっと蟠《わだかま》っている
僕を支える哀しい都会《まち》も　とても大きな
湖に沈もうとしている

都会のアパートで独り暮らしをする彼は、けっして孤立しているわけではない。仕事の愚痴を言い合える友達がいるのだから、**「普通の人々」**や**「1989年　渋滞ー故 大屋順平に捧ぐー」**の青年と同じように、都市のなかにあって生活者として人並みに過ごしているのだろう。ただ、それでも胸の中を隙間風が吹いている。どこか満たされない思いがある。いまの生活は借り物だと感じている。**「本当の僕はどこかにいて　僕を捜しているようだ」**という言葉には、故郷喪失者の寄る辺のなさがよく表されている。

ダム建設による故郷の消失といったような決定的で劇的な転換ではないものの、国土が変わりゆく時代の流れのなかで、故郷を失ったのは彼だけではない。**「水底の町」**の歌世界が、特殊でありながらも普遍性をもつのは、そうした理由による。

東京の私

二番の歌詞で謎めいているのは**「僕を支える哀しい都会《まち》も　とても大きな　湖に沈もうとしている」**という一節である。都市住民の多くは地方出身者たちである。**「ビルの谷間で夢たちが　じっと蟠《わだかま》っている」**とあるが、不完全燃焼を起こしている「夢たち」は、主人公の青年のものだけではない。また、地方が都市に呑み込まれていく図式がある一方で、都市自体も都市に呑み込まれていったという事実がある。**「水底の町」**の時代にあっては、都市出身者たちもまた、時代の波に呑み込まれていった。

さだが描く都市は、必ずしも冷たい場所ではない。地方の生活とは異なるものの、紛れもなく、いま・ここの都市で人々は生きている。東京出身の彼女と別れた青年は**「孤独で　切なくて　虚しくて　冷たいくせに優しくて弱い　思えばみな　僕の心が町に写っていただけ」**と東京への思いを述べ（**「東京」**）、東京出身の女性と交際中の

男性は「**何もかもすべて　包み込んで　わがままさえも　包み込んで　まるで母の愛のように**」と、東京を好意的に見ている（**「東京物語」**）。都市生活者の人生を掬い上げるのも、民俗学の目途である。

さだ自身が**「案山子」**のアンサーソングと位置づけているのが**「初雪の頃」**である（アルバム『風待通りの人々』ライナーノーツ、1988年）。歌詞には「**都会はひとが言う程に　怖い処だと思わない　ただ　時々電車の窓に写る　疲れた自分に驚いて案外　都会の魔物の正体は　きっとそんなものです**」と、息子の視点から都会暮らしが描かれている。

高度経済成長期に、地方は大きく変貌していったが、それは東京も同じだった。少年時代の思い出を歌い上げた**「木根川橋」**には、古き良き時代の東京の下町の風景と人の心が描かれている。国鉄が「ディスカバー・ジャパン」のキャンペーンを張り（1970年）、NHKの『新日本紀行』が人気を集めた時代である（1963〜1982年）。日本的なものを求める機運が高まっており、それはしばしば失われた／失われゆくものとして見出された。

「水底の町」の三番の歌詞は、次のようである。

雨の少ない晴れた夏に　ダムに立てば八幡様と
立ち枯れた楠が　少しだけ見える日がある
実はあそこの床下に　少年時代の
宝が一杯つまっている　箱が埋めてあるんだ
今ふるさとが　僕にむかって　大丈夫かと
尋ねてくれている
大丈夫　大丈夫　大丈夫…

過去は過ぎ去っていくものではなく、積み重なっていくことによって現在を支え、未来に繋がるものであることが、ダム湖の水底に仄見える幼少期の風景を通して鮮やかに示されている。過去は触れることはできないが、確かにあるものだ。あったものではない、あるものなのである。最後に三度くり返される「大丈夫」という言葉は、故郷から彼への問いかけであるのと同時に、彼から故郷への返事にもなっている。故郷があるから人がいて、人がいるから故郷がある。

小説「水底の村」は、主人公がこの宝箱を開けに向かうところで終わる。普段は忘れていても、誰もが心の中に、水底に沈む一つの宝箱を持っていて、ふいにそれを思い出すことがある。それが思わず知らずに、日々の生活の糧になっているのである。さだは、故郷・長崎へと帰郷する理由を、しばしばそう説明している。

「木根川橋」が代表曲だが、さだの歌には同窓会ソングとでも呼ぶべき一群がある。「十六夜」「吾亦紅」「昨日・京・奈良、飛鳥・明後日。」「ヨシムラ」……等々の作品群である。どれも曲調は明るく、聴いていると旧友たちの顔が浮かんでくる。それらのなかで、「水底の町」のテーマと響き合うのは、タイムカプセルが主題の「どんぐり通信」である。歌詞を引くと――「校舎の隅のどんぐりの木の下に埋めたはずでみつからなかった俺たちのタイムカプセルが　ようやく今年四年も遅れてみつかってやっと仲間たちで開けてみた　お袋に書いた手紙が間に合わなかったあいつ　自分に書いた手紙が間に合わなかったあのこ　みんなの写真はそれでも無邪気に笑ってる確かに我らが生きた証」――。

人々の生きた証を、言葉の中から掘り起こし、再現するのが民俗学の役目だと、私は思っている。それは文学の営みとも通ずる。「どんぐり通信」の歌詞は「きっと俺たちはドミノ倒しの大事なひと駒　俺で止めてもお前で止めても駄目なのだ　みんな懸かりで俺たちにしか残せない　俺たちの絵を描くのだ」と、前向きな言葉に続く。

何かを失う／失いつつあるということは、裏返せば、何かを得る／得つつあるということでもある。さだの歌世界がノスタルジックでありながらも、けっして後ろ向きにならないのは、歌詞の中に、いま・ここを生きる人々の姿が描かれているからだろう。

第3章

人生と老い、その豊かさ

生き直しの民俗学

関沢まゆみ
（国立歴史民俗博物館教授・博士）

老人像の変化

さだまさしは、時代をやさしく切り取り、それを繊細な言葉で歌にしてきているふしぎな歌手である。１９７９年の**「関白宣言」**。**「俺より先に寝てはいけない　俺より後に起きてもいけない」**などと、近代の家父長制のもとでの男尊女卑の化石のような言葉を吐きながら、最後には、**「お前のおかげでいい人生だったと　俺が言うから必ず言うから」**などと泣かせる。男は男らしく、女は女らしく、というのが美徳とされた時代はとうに過ぎ去っていた時代であった。この歌は、１９９０年代のジェンダーギャップやジェンダーフリーが叫ばれる中では、激しい批判対象となった。世間の流行とはいつの時代も表面的な付和雷同の中にあり、**「関白宣言」**の歌に込められた思いは通じない世間になっていたのである。しかし、動物保護の社会問題へと人びとの意識の啓蒙が課題になると、それは猫と飼い主との**「にゃんぱく宣言」**（２０１９年）としてＣＭに使われ、広がり、受容された。

このようなさだまさしの曲から、ここではとくに老いと老人という話題に注目してみる。第一に、1980年前後から2000年以降の日本社会における老人像の変化について、**「療養所《サナトリウム》」**（1979年）、**「空蟬」**（1979年）、**「人生の贈り物〜他に望むものはない〜」**（2003年）からみてみる。第二に、老人の語りについて、父親と息子、かつて輝いていたベテランのシンガーと若いシンガーについての**「戦友会」**（1991年）、**「ミスター・オールディーズ」**（2002年）を取りあげる。そして、第三に、人生と老いの意味について民俗学の視点から考えてみることとする。

日本では、長い間、老親の面倒は子ども（長男の嫁）がみるものという社会の規範があった。有吉佐和子の『恍惚の人』（1972年）は、嫁が家でボケた舅に苦労する様子が描かれ、社会に衝撃を与えた。行政の支援も十分でなかったこの頃、施設への入所は、姥棄《うばす》て山を連想させるような時代であった。

このような1970年代に発表されたのが、**「療養所《サナトリウム》」**と**「空蟬」**である。

■療養所

「療養所」では、療養中の若い「私」から見たおばあさんの病室での姿が描かれている。今飲んだ薬の数さえすぐに忘れてしまう、そしてふた月の間に誰も訪れる人がいなかった。しかし、**「夜中に僕の毛布をなおす事だけは　必ず忘れないでくれた」**という。

おばあさんが、まだ若かった頃、子供が風邪をひかないように、夜中に何度も起きて布団をかけなおしてあげていたのだろう。母親の子供に対する思いやりはいくつになっても身体が記憶しているらしい。もうそのような意識はないのに、それを繰り返す老いの姿が描かれている。

そして、さだは、**「歳と共に誰もが子供に帰ってゆくと　人は云うけれどそれは多分嘘だ」**という。

民俗学の観点からも、日本各地の民俗伝承のなかで、「老人は子どもにかえる」とか、61歳の還暦とか88歳の米寿の祝いで赤や黄色のちゃんちゃんこと頭巾を身に着けるその姿から、「赤ちゃんにかえる」などといわれてきた。老いとともに、なくしていくものもあるが、老人には子どもにはない経験の知恵と先祖から伝えられてきた知識とがあることを、かつては共に生活をするなかで人びとはよく見ていた。しかし、生活の個人化と、世代間の交流機会の減少によって、それが見えにくくなっていったといえる。

歌の世界では**「療養所」**の「私」の観察力と、来週から、自分が彼女への見舞い客になれるという優しい言葉にほっと暖かい気持ちにさせられる。

■ 空蟬

1980年前後というのは、まだ親が頼りにするのは息子であった、そういう時代だったことをよく表しているのが**「空蟬」**という楽曲である。

いくつもの物語を過ごして　生きて来た今日迄歩いて来た
二人はやがて来るはずの汽車を　息を凝らしじっと待ちつづけている

都会へ行った息子がもう　迎えに来るはずだから

老いた親たちが、都会にいる息子が迎えにくるのを小さな駅の待合室でじっと待っている。**「古新聞からおむすび」**という歌詞からは、米の霊力を結ぶおむすびに託された、息子を待つ想いの強さが伝わる。その日最後の急行列車が通り過ぎて行っても待っていた。そんな光景が歌われている。

さだには**「おむすびクリスマス」**という、クリスマスケーキのかわりに、彼女がつくったおむすびでクリスマスを過ごしたというちょっと笑いをさそう歌もある。今は、コンビニおにぎりというように、おむすびよりもおにぎりのほうがよく聞かれる。しかし、古くからの呼び名は、おむすびであった。ご飯を両手で丸く結ぶ、三角にあるいは俵結びに、米の霊力を結ぶ意味があった。おにぎりのにぎるというのは、片手でできるもので、にぎり鮓《ずし》というように、もう片方の手はねたをのせるためである。古い神社の神事ではご飯は結ぶのが基本である。

１９９０年頃になると、都会に出た子どもが親を都会に呼び寄せる「呼び寄せ老人」という言葉が聞かれるようになった。昔は長男夫婦が家の跡取りとして親と生活し、親の世話をするのが当然とされてきたが、高度経済成長期（1955―1973年）に、地方から東京に進学や就職で出てきて、そのまま東京で結婚し家庭をもった子どもが、やがて親が高齢になった時に、親のもとに帰るのではなく、親を都会に呼び寄せて、一緒に暮らすというかたちが選択されるようになってきたのである。

■人生の贈り物～他に望むものはない～

2007年には社会学者の上野千鶴子の『おひとりさまの老後』がベストセラーになったように、1990年代から2000年を経て、老後にも自立した生き方が共感を得るような社会に変化してきた。そうして、**「人生の贈り物～他に望む物ものはない～」**（2003年）では、老いの入口に立った自分をうたっている。そこには、子どもを頼りにする親の姿はなかった。

並んで座って沈む夕日を一緒に眺めてくれる
友が居れば　他に望むものはない

と、たいせつな友（パートナー）がいることのかけがえのなさがうたわれている。

高度経済成長期を経て、家族のあり方も大きく変わり、生活の個人化、多様化が進んできた。昔は家の継承、先祖をまつることが大きな課題として日本社会に共有されていたが、その規範も揺らぎ、家よりも個人の人生の充実をより重視していくようになってきた、そのような時代の変化を切り取っているといえよう。

日本社会は、１９７０年に「高齢化社会」を迎えた。高齢化社会というのは65歳以上の高齢者の人口が７％を超えた社会のことをいう。そして１９９５年の国勢調査では高齢化率が14・６％を超えて、文字通り「高齢社会」となった。２００５年には高齢化率が20・２％、２０１０年には23・０％で、指針となる21％を超え、「超高齢社会」となっていった。２０２３年時点では高齢化率は29・１％になっている（「高齢者の人口」総務省統計局）。

このように人口構成が「老人社会」に向かうなかで、人びとも定年後それぞれ老いの時期の過ごし方を充実させてきた。古くから、日本社会では、「男女七歳にして席を同じうせず」といい、戦前までは7歳にもなれば男女の別を正しくするようにという教育があった。地方ごとの村落社会でも、若者組と娘組など、男女別枠での集団体験という歴史が長かった。そのことを考えると、老いの人生を過ごす友（パートナー）との出会いが「人生の贈り物」だというのは、時代の変化と社会の成熟を感じさせる表現である。

老人の語り

さだまさしの曲には、「**療養所**」の青年とおばあさん、「**空蟬**」の老親と息子、のように2つの世代を描いている例が少なくない。老人（上の世代）が子ども（若い世代）に、自分の経験を語っている歌を2つ紹介しておこう。

■ 戦友会

「戦友会」（1991年）は、さだが父親の背中を書いたものだという。

櫛の歯が欠けるように　仲間が減ってゆく
戦友会に出掛けた夜　おやじが呟いた
学舎でなく古の戦の友が集う

年に一度の　思えばなんて儚い祭りだろう
誰もがいつか　年老いてゆくけれど
何とも俺達の風情は
他人に玉手箱　開けられてしまった
青春の浦島たちのようだ
生命懸けておまえ達を　守ったと言わせてやれ
それを正義と言うつもりはないが　時代と片付けたくもない

今の青春を羨ましくなくもないが　替わろうかと言われても断るだろう
不幸な時代の若者たちはそれでも青春を確かに見たのだ
銃弾に倒れた友の顔を　忘れることなど出来ない
あいつの分もあいつの分もと　生きる思いは解るまい
いつかは消えゆく　集いなのだ
冬の名残の雪なのだ
そして必ず　二度と必ず

降ってはならない雪なのだ
穏やかにそう言った後　息子の僕をサカナに
珍しくおやじは家で酒を呑んで　その日は早くつぶれた

雪が降る今日もどこかで　誰かが凍えてる
遠くでバイクの走り去る　青春が聞こえた

日本は、１９４５年の敗戦から50年が経過する、１９９５年が戦争体験の記録を残すにはラストチャンスだといわれていた。戦友会はその戦後50年を前にした時の歌である。**「櫛の歯が欠けるように　仲間が減ってゆく」**状態で、この頃、戦友会を解散するところも少なくなかった。

戦地でともに戦った兵士の死を経験した元兵士や、夫を戦争で亡くした妻、また息子を亡くした親たちの中には、経験した者でなければわからないといって、戦後長い間、自身の経験や思いを言葉にすることはなく、そのまま亡くなっていった人たちも多い。

帰還兵士の中には、なんであいつが死んだのに自分は生き残ったのか、というやりきれない気持ちを持ちながら、戦後を過ごしてきている人たちが多かった。その気持ちを、あいつの分も生きなければと切り替えるのには時間がかかったにちがいない。そんななかで、元兵士たちは、戦友会の集まりでだけは、思いのたけを何でも話せたという。

また、その1995年前後の私たち民俗学の立場からの戦争体験者への聞き取り調査でも、貴重な歴史の一コマを聞くことができた。京都市で応召した第百十六師団「嵐兵団」の衛生隊の兵士として、昭和14（1939）年に出征し、昭和21年に復員するまで6年半の間、中国大陸で転戦してきた奥村さんは、成績優秀であったが、伍長になるかと思っていたところ、自分より成績上位の2名が伍長となり、奥村さんは3位で落ちてしまった。その時は残念でショックだったが、伍長になった2人は一個小隊を率いる立場となって、やがて敵弾に撃たれて戦死した。奥村さんはこの2人の戦友の顔が忘れられない、目をつぶると若い2人の戦友の顔が浮かぶと言っていた。戦後、戦友会の世話役を長くつとめてきた奥村さんは、地下鉄のホームで座り込んでいる男女の若者たちを見るたびに、「こんな茶髪の若者のためにおれの戦友が死んだのではない」と、悔しそうに語っていた。こんな日本に誰がしたのか、という問いであった。

敗戦と同時に、社会が大きく変わり、価値観も大転換した。それがこの歌詞の「他人に玉手箱　開けられてしまった　青春の浦島たちのようだ」という言葉に、象徴されている。

戦争体験の語りと記録、そして記憶を次世代に継承していくことは世代ごとの責任といえる。戦後50年を前にこの歌が作られ、これからも歌い継がれていくことの意味は大きいといえる。

そして、もう一つ重要なのは、日本は１９４５年から70年余り戦争を経験しないできたということである。しかし、いま地球のあちらこちらで紛争はやむことがない。とくにウクライナへのロシアの侵攻、パレスチナのガザ地区へのイスラエルの侵攻などが深刻化している。まさに、「雪が降る　誰かが凍えてる」のである。

■ミスター・オールディーズ

「ミスター・オールディーズ」（2002年）は、若いシンガーが子供の頃からあこがれていた、ミスター・オールディーズのライブを聞きに行った時のことが歌われている。

ミスター・オールディーズに会った
子供の頃から　あこがれてたシンガー　足が震えたよ
港の側の場末の　ちいさなライブハウスで

ミスター・オールディーズが笑った　照れたように
嬉しいこと言うじゃないか　聴きなよボーイ
あの頃よりずっと深い　あの唄を聴かせるから

落ちぶれたと思ったろう？
確かに暮らし向きはそうさ
でも判るだろう？　魂さえ売らなきゃ音楽は

落ちぶれなどしないものさ　いろいろ衰えたけど
昔より良いことばかり　第一幸せだ
歳をとることは　悪いことばかりじゃない

ミスター・オールディーズが言った　聴きなよボーイ
誰でもいつか必ず　年寄りになるのさ
そんなことは少しも　悲しいことじゃない

悲しいのはねボーイ
自分を哀れむことさ
ね、判るだろう？　俺はあの頃より自分が好きさ
君もシンガーなら若いときに
もてはやされて捨てられるがいい
一番大切なものに出会うためにね
歳をとることは　悪いことばかりじゃない

痺れてたあなたにミスター
まばらな客席でミスター
あの頃よりずっと大きくて新しい
生まれて初めて　早く歳をとりたいと心から
あなたのようになりたいと
立ち上がって思わず叫んでた　ブラボー
ミスター・オールディーズ

ミスター・オールディーズは「誰でもいつか必ず　年寄りになる」といい、「歳をとることは　悪いことばかりじゃない」という。

「魂さえ売らなきゃ音楽は　落ちぶれなどしないものさ」とも。

そして、若者に「君もシンガーなら若いときに　もてはやされて捨てられるがいい　一番大切なものに出会うためにね　歳をとることは　悪いことばかりじゃない」と告げる。

実際、ミスター・オールディーズの唄は「あの頃よりずっと深い」そして「あの頃よりずっと大きくて新しい」唄だったという。

これは、本当に考えさせられる。なぜ、若いシンガーに、「若いときに　もてはやされて捨てられるがいい」などと言ったのだろう。

この言葉から、思い出されるのは、「姥棄て山」という昔話のなかの年寄りの知恵のことである。昔、ある国の王様が60歳になった人はもう役に立たないからといって、山に棄ててくるように命じた。ある時、隣国の王様から、「灰で縄をなってこい。この問題を解けなかったら、国に攻め入る」といわれ、その国の王様は問題が解ける者がいないか、解けた者には褒美をあげようと言った。一人の息子は、どうしても60歳になった親を棄てることができずに、家のなかにそっと隠していた。その親に問題を言ったところ、「簡単だ。かたくなった縄をゆっくりと焼けば灰の縄ができる」と息子に教えた。そうして息子は灰の縄を王様に差し出した。王様はなぜこれが作れたのか、と聞いた。その時、彼は実は60歳になった親に教えてもらったと答えた。そのことで、年寄りの知恵の大切さに王様は気づき、60歳になったら山に棄てるのを止めたという。

この話では、若者は灰で縄をなおうとしてうまくいかなかった。それを年寄りは、縄を灰にするという逆の発想でクリアした。それは専門知識ではなくこれまでの経験の知恵であったといえる。

この昔話のように、ミスター・オールディーズの「**若いときに　もてはやされて捨てられるがいい　一番大切なものに出会うために**」という言葉は、自身の経験の知恵を伝えているといえよう。「捨てられるがいい」というのは、そこから貴重な発見がある、という逆転の発想であろう。成功体験の喪失の中にあってこそ、一番大切なものに出会える、というのである。

がんばってこなかった人が喪失したらそれきりであるが、がんばってきた人が一度社会的名声や立場を喪失しても、必ず、より大きく再生できるのだという希望を示している。若い時には気づかなかったことに、老いの入り口に立った時に気づくことができる、そのようなことを考えさせられる。

もう解散近い戦友会の話も、人生の喪失経験を希望にかえる生き方も、さだの歌のなかでしか知ることができない人も多いと思う。世代をこえて交流する機会が少なくなった今、老人の経験、老いの語りを知る機会がなくなってきた。10代の時に聞いても響き、60歳の還暦の頃にきいてもさだの歌が響くのは、2世代間の交流が描かれていて、若い時も、老いの入口に立った時も、それぞれに共感できるからなのかと思う。

老いの意味

■ 季節のめぐり

さだまさしの歌は、季節のめぐりと人生のめぐりとを重ね合わせている。19世紀に西ヨーロッパで流行ったのが「人生の階段図」である。田舎の古い家には食堂の部屋にその絵がよく掛けられていた。そこには、子どもから青年の時は春、そして50歳を過ぎた頃から秋、やがて冬へという描き方がされ、老いの時期はもう晩秋から冬である。多くの人が、身体の衰え、社会的役割の喪失、世代交代などの現実を思うと、そんなものかと思うかもしれない。

しかし、さだは、**「サクラサク」**（2006年）で、

冬は季節の終わりではなくて　冬は季節の次の始まり
冬に季節が死ぬ訳じゃなくて　冬は春を生み出すちから
冬が厳しい程に　春の花は美しい
桜まで　少し　もうすぐに届く　桜まで　少し　もうすぐに

と、歌っている。ここでは、太陽の力が一番衰える冬が、春を生み出す力をためている時だという。秋の収穫の後、冬季は次の春までの間、稲魂の再生のための忌み籠りの季節であるという民俗学の位置づけにも通じる。

さだの歌には、私という個体だけの人生ではなく、次の世代につながるものをみる生命の連鎖への希望が込められている。それを一番意識するのが老いの入口に立った時なのだろう。

■ Reborn（生き直し）の発想

このような天然自然の循環のなかに人間の老いを位置づけ、老いの意味を考えてきているのとは別に、もう一つ、45周年記念で発表されたRebornという言葉が注目される。さだは生まれ変わりではなく、「生き直し」の意味だという。

このアルバムの、「Reborn（総論）」には、伊勢神宮の式年遷宮などを例に大切な神様には常に新しく、若々しく居ていただこうと願う「常若」という思想について述べられている。伊勢神宮は20年に一度、2つ並んだ社殿地を往き来するが、それは、神様の呼吸を意味する往復運動だともいわれている（新谷尚紀『伊勢神宮と出雲大社』講談社、2009年）。神様も常に若い新しいエネルギーを充電しているのであろう。さだ自身も「自分の大切な音楽の神様には常に新しく若々しく居ていただきたいという思いがあって、常に自分を揺さぶり、一歩でも前へ向かわせたいと願って居る」という。そして45周年でのレコード会社の移籍も、時折コンサートスタッフやレコーディングスタッフを一新するのは自分の音楽の動脈硬化を避ける、「生き直す」ための自助努力だという。

この「生き直し」は、民俗学を柳田國男とともに創始した折口信夫が、人間の生命力について、琉球方言の、シデル・スデルという言葉に注目していたことを思い出させる。本土の正月行事の中の若水に通じるもので、それは元日の早朝、年男が井戸から清新な水を汲み、年神様に供え、また家族みなでいただくものである。それが、沖縄諸島の清明節の「節《しち》の若水・しぢ水」の習俗に通じるものである。その若返りの「しぢ水」というのは、シデル、スデルという卵がふ化する（蛇が脱皮する）という意味からきている。胎生である人間は、スデルことがないが、「しぢ水」によってその前に、「すでる力」を享けようとするのだという。すでるには、若返るという意に近づく「よみがえる」という意味があり、永遠の生命力を連想させる言葉と重なるという折口の発見力は強烈である。[*1]

このように、Reborn「生き直し」というリセットによる、生命力の活性化という発想は、民俗の伝承にも通じるものである。

さだまさしの歌は、繊細で、やさしい。『新自分風土記』では、これまでに作り、歌ってきた歌達の Reborn への戦いを始めたという。そして、年をとって前よりうまく歌えるようになったところもあると笑いを誘いながら、下手になったところもある。人生の老いの季節を歩み始めた私たちに、明るい希望と応援をくれている。

*1 折口信夫「若水の話」『折口信夫全集2』中央公論社／1965年（1927年初出）

第4章

さだまさしデザイナー論

音楽で表現される多種多様なイメージとその技法

小熊 麦
（早稲田大学さだまさし研究会第37代幹事長・会社員）

アーティストでありながらデザイナーでもある

昨今、ＷＥＢ媒体や映像技術の発達により、「デザイン論」や「デザイン思考」という用語が人口に膾炙している。その中で、「デザイン」という言葉の意味が拡大しつつある。

従来の狭義におけるデザインとは、画像やロゴ、ＷＥＢページの「造形」という意味合いで用いられるが、新しい広義のデザインとは、「意味やイメージを受け手にスマートに伝えること」という意味になる。例えば、道路にある「止まれ」の標識は赤色になっている。そのため、我々は赤信号のイメージとリンクして、文字を読む意識がなくても止まることができる。その他の標識を見ていても進む系の標識は青色、注意系の標識は黄色となっていてデザインを感じることができる。

そんなことを考えながらさだの楽曲を聴くと、新たな発見があった。それは「さだまさしはアーティストでありながら、ある一面でデザイナー的な仕事をしている」と

いうことだ。楽曲を聴けば聴くほど、さだは常に自らが意図するイメージを、歌詞と音楽を使っていかに確実に伝えるか、伝わるかを意識して楽曲を制作しているように思えてくる。

グラフィックデザインにおいて、フォント（書体）や色味、背景などイメージを変化させる要素がいくつかあるように、音楽にも相互補完的にイメージを作り上げる項目がある。もちろん、アレンジ（編曲）やレコーディングもその要素ではあるが、ここでは主にさだ自身の手によって行われる作曲に関わる、「リズム」「メロディ」「ハーモニー」にフォーカスを当てて、分析を試みる。

さだまさしの〝リズム〟

■「関白宣言」は都々逸である

巷では夏祭りや花火大会が数年ぶりに開催されるという話を聞き、私も行くことが多くなった。そんな中で、お囃子や盆踊りなど日本の伝統的なリズムを聴くにつけ、とある発見があった。

「関白宣言」は都々逸《どどいつ》である。

都々逸とは、江戸時代に確立された「七・七・七・五」の26音を基本とした韻文の形式である。これを三味線の伴奏で唄っていたという。

「関白宣言」の歌詩をフレーズごとに分解すると、都々逸のリズムにフィットする。

お前を嫁に（7音）　もらう前に（6音）
言っておきたい（7音）　事がある（5音）
かなりきびしい（7音）　話もするが（7音）
俺の本音を（7音）　聴いておけ（5音）

唯一「もらう前に」のところが6音だが、フレーズの頭に16分休符が入っているので、7音のかたまりとして考えられる。**「関白宣言」**はこのあとも都々逸のリズムを保ったまま、Aメロが進行する。

なぜ、さだは**「関白宣言」**を都々逸にしたのだろうか。伝統的なリズムを持った歌詩にすることにより「厳格さ」を演出しているのではないだろうか。七五調に支配された韻文は聞き手に律儀で真面目な印象を与える。結婚する相手に亭主関白としての矜持、要望を伝える上で厳格な都々逸の形式を用いることは実に理に適った表現だと考えられる。

一方、七五調というのは厳格さの副作用として「古臭さ」を併せ持つ。どうしても聞き手に短歌や俳句などをイメージさせてしまうためである。おそらくさだはその副作用も織り込んだ上で、曲全体のバランスをコントロールしている。2番に**「俺は浮気はしない」**から始まるコミカルなフレーズを入れたり、終奏では子どもたちの笑い声や歌声を入れたりすることで巧みに古臭さというものを中和している。さだはこれを無意識でやっているのかもしれないが、こうした絶妙なバランス感覚こそがさだまさしの楽曲全てに共通する魅力だと感じる。

つい最近、会社の同期（入社3年目）とカラオケに行く機会があり、その中で**「関白宣言」**をリクエストされた（私がさだ研出身であるということは同期のほとんどが知っている）。すると例の**「俺は浮気はしない」**のところで、同期の女性が「いやだー絶対浮気するじゃんー」と楽しそうにしており、さだまさしは世代を問わずしっかり伝わるものだと確信した。

■日本人の四拍子信仰とさだの多様な拍子

前項では、**「関白宣言」**が七五調の都々逸であると解説した。七五調自体は古くから日本人に馴染み深いリズムであり、実はたくさんの曲で使われている。例えば、キノコのホクトのＣＭ曲の「きのこのこのこ　げんきのこ」や「水戸黄門」の主題歌、「人生楽ありゃ　苦もあるさ」など、なぜか耳に残るフレーズは七五調だったりする。

ここで一度、なぜ七五調は日本人の心に馴染むリズムなのかを立ち止まって考えてみたい。そのためには、七五調を西洋音楽的な「拍子（ビート）」という考え方にスライドさせるとわかりやすい。拍子の数え方として、日本では「五七五」や「三三七拍子」と音が出る音数を数える。一方、西洋音楽では発音されない部分も休符としてカウントに入れて拍子を表す。すなわち、五七五は「五拍子・七拍子・五拍子」ではなくなる。五七五それぞれのかたまりの前後に休符が入るため、四拍子の形で表記ができる（【図4－1】）。三三七拍子も同様で、休符を入れるとどちらも四拍子と解釈され、強いて言えば「四四八拍子」である（【図4－2】）。四拍子とは、4拍でひとかたまりと捉えられるリズムのことで、「1・2・3・4、1・2・3・4…」と進んでいく。

これからわかるように、日本人は四拍子を耳馴染みがいいものとして受け入れてきた。現に邦楽のほとんどの曲は四拍子で作られている。ヒットチャート上位10曲のうち、1曲でも四拍子以外の曲があったら驚くくらいの割合である。実は海外の音楽に目を向けると、日本ほど四拍子ばかりという状況ではない。この理由については諸説あるが、日本では古来より共同作業の際に互いに息を合わせるため、掛け声として四拍子を使ってきたのではないかという話もある。

これだけ「四拍子信仰」が浸透している音楽業界で、この拍子すらも演出として活用しているのもさだである。さだの楽曲はクラシックよろしく多様な拍子を持つ楽曲が多い。楽曲で拍子を表記する場合、通常「○分の▲拍子」となり「○分音符が▲個でひとかたまり」という意味である。もちろん一番多い拍子は「4分の4拍子」である。**「道化師のソネット」「主人公」「案山**

図 4-1 俳句

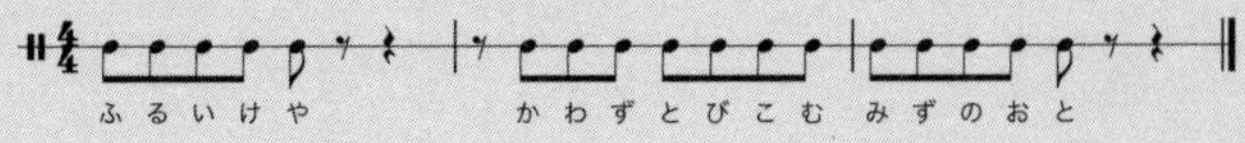

図 4-2 三三七拍子

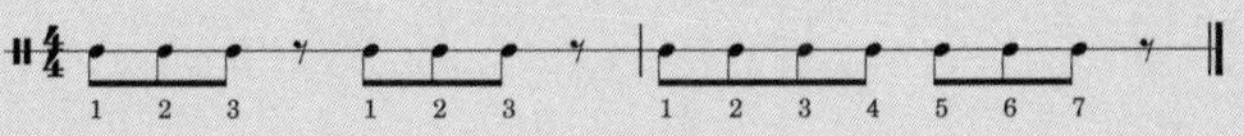

子」などが該当する。四拍子は聴いている人に四角形をイメージさせ、キーワードとしては「安定感」「信頼感」を持つ拍子である。

また、**「第三病棟」「戦友会」「逍遙歌～そぞろ歩けば～」**などは4分の3拍子で、三角形を連想させる。三角形は一周が早いため「循環」を感じさせ、さらに角が鋭く「攻撃性」「衝動」を同時に感じさせることもある。**「桃花源」「まほろば」**などは8分の6拍子で、3拍子と2拍子を掛け合わせたようなリズムで「優雅」「リッチ」というイメージを持つ。**「男は大きな河になれ～モルダウより～」**では8分の12拍子を使い、その優雅さ、荘厳さをさらに強調している。このように、拍子はそれぞれイメージを持っており、さだは楽曲制作の際に巧みにそれらを操っている。

また、**「女優」**のサビにおいては8分の7拍子というレアすぎる拍子を用いている。通常、分子は2の倍数か3の倍数だと安定して聞こえるのだが、「8分の7拍子」は分子が7である。**「女優」**のサビ部分を聴いていただければ、4拍子と比較して八分音符一個分詰まって演奏されていることがわかる。これによって、独特の雰囲気を演出し女優の儚さや焦りを表現していると解釈される。当時は日本のメジャーラインでおそらくさだのみしか取り入れてなかったこの8分の7拍子が、最近脚光を浴びている。スピッツの「**美しい鰭**」（2023年）の冒頭でまさにこの8分の7拍子が使用されているのだ（【図4－3】）。

「**女優**」と同様に八分音符ひとつ分詰めることにより、シーンにおける刹那的な印象を特徴づけている。こうしたある種飛び道具と思われるものもさだは取り入れながら楽曲をデザインしていたのである。

図 4-3 スピッツ「美しい鰭」冒頭

■ 変拍子の楽しい聴き方

曲自体の拍子が多様ということもさることながら、さだは曲の途中で拍子を変える「変拍子」[*1]という離れ技もやってのける。**「女優」**の8分の7拍子もサビ前までは4分の4拍子のため、変拍子である。そのほかにも、**「パンプキン・パイとシナモン・ティー」**の「愛が叶えられると」の箇所で二拍三連[*2]、**「分岐点」**の「ミートパイとソーダ水」のところで4分の3拍子に途中で変わる。こうすることにより、受けるイメージや見える景色をガラッと変えることができるため、聞き手の注意を引きつけることができる。**「パンプキン・パイとシナモン・ティー」**は変拍子のところでスローモーションになるように感じられ、特に2コーラス目の**「ところが急に店を」**からの安眠《あみん》のマスターとミス・パンプキンの顚末が際立って描写されるようになっている。**「分岐点」**においては全体を通して「ミートパイとソーダ水」がキーワードとなって物語が進む。二人を結びつける蝶番のようなものがまさにミートパイとソーダ水で、そこを目立たせイメージを膨らませることに成功している。

＊1　ここでは曲の途中で拍子が変わることをいう。
＊2　二拍三連は正式には変拍子ではないが、「パンプキン・パイとシナモン・ティー」では二小節以上継続するため、ここでは一時的な三拍子＝変拍子として解説をする。

このように、さだは歌詩の内容だけでなく楽曲の形式までコントロールし、響く楽曲を世に出しているのだ。

さだまさしの〝メロディ〟

現在さだの楽曲は６００以上あるため、メロディもその分６００以上あるということは紛うことなき事実である。しかし、メロディというものはランダムに音を並べただけでは成り立たない。そこにはいくつもの制約が存在し、それをクリアしたものが美しいメロディとして成立する。さらにさだはその上で、イメージを聴き手に正確に伝えるためにメロディもデザインの一部として設計をしている。ここではその制約とメロディに込められた意匠について、一部ではあるが解説する。

■調性　～使っていい音とダメな音

基本的にポピュラーミュージックには「調性」という概念が存在する。「キー」というと聞いたことがある方もいるかと思うが、その楽曲の音階を決定づけるものであ

る。それぞれの調性には「ハ長調（Cメジャー）」や「イ短調（Aマイナー）」などという表現が用いられる。「ハ長調」は「ハ」と「長調」に分解でき、「ハ」はドの和名で、「長調」は「明るい音階」という意味で、つまりハ長調は「ドからはじまる明るい音階」という意味である。反対に、短調は「暗い音程」という意味を持つ。さだの曲でいうと、**「北の国から〜遙かなる大地より〜」**はト長調、**「案山子」**はヘ長調、**「無縁坂」**はト短調、**「線香花火」**はイ短調というように、それぞれの楽曲には原則調性が指定される。

調性が決定すると、その曲のメロディで使える音階が自動的に限定される。ハ長調の場合は「ド・レ・ミ・ファ・ソ・ラ・シ」、ハ短調の場合は「ド・レ・ミ♭・ファ・ソ・ラ♭・シ♭」となる。さだの曲の中でハ長調の曲は**「風に立つライオン」**があるので楽器が近くにある方はぜひメロディを弾いてみてもらいたい。メロディの流れの中で一部例外が出てくる場合はあるものの、基本的には調性に沿った音階でメロディが構成されていることがわかっていただけると思う。

また、使える音階を守っていても以下の3項目は響きが悪くなるので基本的には禁則とされている（ハ長調の場合）。

①　ドから上のシに進行すること
②　ファからシ（シからファ）に移動すること
③　１オクターブ以上跳躍すること

このような制約を守った上で、６００通りものバリエーションを作り出すのだからさだの発想力は計り知れない。

■気づけば１オクターブ上を歌っている

さだは６００以上の曲の中で、メロディの構成についても緻密にデザインをしている。多くの場合、ポピュラーミュージックにおいては1曲の中にいくつかのメロディが存在する。Ａメロ・Ｂメロ・サビなどと表現されることが多いが、聴き手が曲の起伏を感じやすくする工夫でもある。しかし、さだの楽曲の中にはこれを無視し、たった一つのメロディで進行するものがある。**「遙かなるクリスマス」**だ。

本楽曲は**「メリークリスマス」**からはじまる4小節を繰り返すことで物語が展開していく。序盤はクリスマスの街の描写が冷静に行われていくが、後半に行くにつれ平和や幸せについての内面的な葛藤が描かれていく。少しずつ熱を帯びていくイメージを表現するために、4小節のメロディも徐々に展開をしている。極めつけは**「卑劣な僕がいる」**のあとだ。なんとここから前半のメロディを1オクターブ上で歌ってしまうのだ。さだの広い音域がなせる技であるということもさることながら、「その手があったか」と度肝を抜かれる思いがした。しかし、なんといってもさだの凄さは1オクターブ上げることよりもその手前のつなぎ方にある。少しずつメロディを変えていきながら1オクターブ上がるタイミングでの差をできるだけ少なくし、あくまで自然にオクターブ上のメロディに行けるように構成をしているのだ。

従来のAメロ・Bメロ・サビの構成では、どうしても1番、2番という概念が発生し中間で区切られてしまう。さだはそれを避けるために、一つのメロディを展開させることにより物語を紡いでいるに違いない。これにより、前半の情景描写と後半の「想い」「願い」を対比させながら語ることに成功している。

さだまさしの〝ハーモニー〟

ハーモニーの主な形式に、メロディを支える伴奏として和音（コード）がある。ギター弾き語りの場合は、メロディを口で歌い、ギターが和音を担当する。理論上は一つのメロディに対して、数通りの和音の並びを考えることができ、どのような和音の並び（コード進行）を伴奏とするかによって曲の印象を変えることができる。

■緊張と緩和　～音楽的解決について

前項「さだまさしの〝メロディ〟」にて調性について理解していただけたかと思うが、音楽の伴奏たる和音もまた、この調性に依存している。どの調（キー）かにより、出てくる和音が大まかに決まってくるのだ。和音については多分に例外を含む場合もあるが、一旦ここでは古典的な音楽理論をベースに話を展開していきたい。

まず、調性ごとに使える和音はそれぞれの音階を一番下にして一つ飛ばしで音を三つ重ねた「ダイアトニックコード」が基準となる。ハ長調であればドミソからはじまる七つの和音で構成される（【図4－4】）。また、それぞれの和音には順番に番号（Ⅰ～Ⅶ）がついており、これを○度と呼ぶ。ハ長調の4度（Ⅳ）の和音と言われたらファラドのFということになる。ハ長調の楽曲は基本的にはこのコードを並べて伴奏が作られる。

また、それぞれのコードには性格と役割があり、3種類に分類できる。

①　トニック（主音）　Ⅰ（C）・Ⅲ（Em）・Ⅵ（Am）
キーの基本の音。安定した響き。最初と最後に使われることが多い。

②　ドミナント（属音）　Ⅴ（G）・Ⅶ（Bm♭5）
トニックに移動したくなる、不安定な緊張感のある響き。

③　サブドミナント　Ⅱ（Dm）・Ⅳ（F）
トニックへの方向性はあるものの、ドミナントほどではない。色鮮やかに使える。

トニックは主人公・父親、ドミナントはヒロイン・子どもに例えるとわかりやすい。ヒロイン（子ども）はひとりでは不安で主人公（父親）に会いに行きたくなるものである。音楽理論では、「ドミナント（サブドミナント）→トニック」の流れを「解決」と呼ぶ。緊張感のあるドミナントから安定したトニックへ移動することでホッと一息つくことができるのだ。

　典型的な解決の例は、発表会などで行われる〝一同礼〟の三つの和音で、「I（C）→V（G）[*3]→I（C）」というコード進行、役割としては「トニック→ドミナント→トニック」である。緊張感のあるGからCになることで、「お辞儀が終わった」と

図4-4　ダイアトニックコード表（ハ長調）

＊3　Gにファの音を加えたG7で演奏されることが多い。それによりドミナントの緊張感が増幅される。

いう安心感、安定感を出すことができる。ポピュラーミュージックにおいても、フレーズの最後はトニックに戻って締まるのが一般的で、ドミナント（サブドミナント）からトニックへの行き来、緊張と緩和の繰り返しにより音楽が進んでいく。

しかし、さだの楽曲では意図的にその通りにしていない部分がある。**「遙かなるクリスマス」**の終奏がそのわかりやすい例である。実際に聞いていただくと、最後に「途中感」があり少しモヤッとすると思う。これは、最後の和音がトニックではなくドミナントのままのためである（**「遙かなるクリスマス」**のキーはE（ホ長調）だが、トニックのEに戻らずドミナントのBで終わっている）。これによって平和というテーマの持続感を表していると考えられる。これについては、本書付録の「早稲田大学さだまさし研究会論文集」に記述した。ここでは別のパターンの未解決について話を進めていきたい。

■ 音楽的な絶望と希望の表現

「遙かなるクリスマス」ではドミナント（V）のままトニック（I）に戻ってこない

未解決が用いられていたが、サブドミナント（Ⅱ・Ⅳ）から戻ってこないさだの楽曲も存在する。サブドミナントは前述の通り、ドミナントほどトニックへの引力は発生せず、どちらかというとフワッとした響きとなることが多い。

サブドミナントの響きを感じられる身近な例は、誕生日によく歌われる**「ハッピーバースデートゥーユー」**の一節、名前が入るところだ。「Happy birthday, dear ○○」の○○の直前の和音（コード）はハ長調でいうとFであり、4度のサブドミナントである（**【図4-5】**）。サブドミナントに行ったきり、次のフレーズの頭までトニック（C）に戻ることはない。ここでサブドミナントの「未解決」が発生しているわけだが、響きとしては持っていたボールをサッと手放すイメージがお分かりいただけるだろうか。**「ハッピーバースデートゥーユー」**では祝う相手の名前を入れるところで、それと同時に相手にボールを渡すような印象を抱くと思う。

このように、サブドミナントの未解決というのは「ボールを手放す」という言葉でまとめられる。

では、さだまさしの楽曲でサブドミナントからの未解決を使っている曲はどうだろうか。題材とする曲は1982年リリースの『夢の轍』に収録された**「前夜（桃花**

鳥)」と2023年のアルバムの表題曲である**「なつかしい未来」**である。どちらもボールを手放すという印象は共有をしつつ、同時に進行するメロディの流れによって与えるイメージが対照的になっている。説明にあたり、**「前夜(桃花鳥)」**はホ長調、**「なつかしい未来」**はニ長調だが、わかりやすくするためにハ長調に移調して譜面を記載する。

まず、**「前夜(桃花鳥)」**、この曲は1982年、イラン・イラク戦争を受けて作られた曲で、近年の国際情勢を受け再び多くの人の心に大きく響く楽曲である。この曲のサビの終わり、1コーラス目であれば**「それさえ間違わなければ」**のところがDm

図4-5 ハッピーバースデートゥーユー

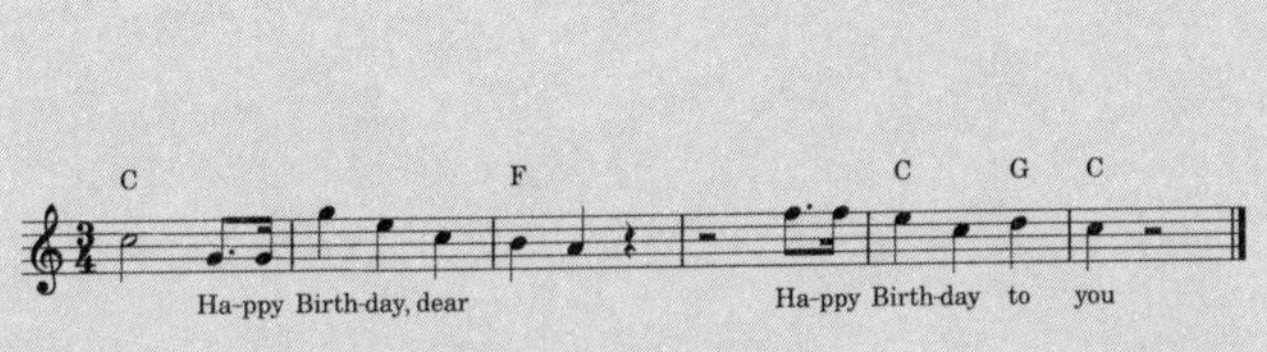

7－5（Dマイナーセブンスフラットファイブ）のまま、Cに戻ることなくフレーズが終わる。ここではセブンスやフラットファイブという装飾音がついているが、基本の和音はダイアトニックコード表でいうところのⅡ（Dm）である。これがサブドミナントであり、トニックのCに解決することがない。このとき、同時に進行するメロディは下降の流れを辿っている（【図4－6】）。

下がっていくメロディとサブドミナントの未解決が合わさることにより、ボールを「渡す」というよりは「落とす」というニュアンスが強まる。この場合、どうしても力の加わらない「諦め」を強く感じるのではないだろうか。眼前に社会・世界に対す

図 4-6 前夜（桃花鳥）

る大きな課題があるものの、それに対してどうしようもなく見つめているという無力感、そして自分の身の周りのことを考えて気持ちを落ち着かせるしかないという絶望感を見事に表現している。

一方で、**「なつかしい未来」**はどうだろうか。サビの終わり**「この道を」**（1番）と**「未来へ」**（2番）のところだが、和音の進行としては、Dm11/G（Dm11onG）からCに戻っていない。Dm11/Gも基本の和音はDmであり、DmはⅡのサブドミナントに分類されるため、**「前夜（桃花鳥）」**と同じくサブドミナントの未解決が発生している。一方で、先ほどと違うのは同時に流

図 4-7 なつかしい未来

れているメロディが上昇している点だ（【図4－7】）。

これにより、コードの流れは似ていながらも先ほどは下向きのボールを落とす「絶望・諦め」のニュアンスだったが、今度はボールを投げ上げる「希望」のイメージを持つ。今まで歩んできた、そしてあなたと過ごす明るい未来へ一緒に歩んでいく、道のりは遠いかもしれないが小さな一歩から進んでいこうという期待を表現しているのではないだろうか。本楽曲の歌詞が全編において「未来」について語られているということとリンクして、音楽的な部分も未来に向かい開かれるように作られているのである。

戦争などが蔓延《はびこ》る悲惨な世界と対面したとき、**「前夜（桃花鳥）」**ではどうしようもないモヤモヤした思いを抱えていたが、**「なつかしい未来」**では今ここにいること、そして明るい未来について語るようになった。そんな心境の変化をこの2曲から感じることができる。さだが熟成し、深みを増していく流れをこの2曲の比較から感じるのは私だけだろうか。奇しくも**「なつかしい未来」**の歌詞にこんな一節がある。

これからはあなたを歌う　小さな歌になりましょう

遠すぎた幸せまで　もう少し辿りましょう
未来へ

この言葉にこの曲が名曲たる所以が凝縮されているように感じる。**「なつかしい未来」**という逆説的なタイトルにある通り、未来というものは過去の積み重ねであり、「現在」は「なつかしい未来」として見つめ直すことができる。そう考えると、私は果たして今後なつかしい未来として語れることがどれだけあるだろうか。そう自分の胸に手を当てて考えてみたくなる。さだは、サブドミナントの未解決を用いて音楽的にも余韻を残すように演出をしている。

このように、さだは音楽家という意味でのアーティストでありながら、音楽を演出するデザイナー的仕事もしている。常に聴き手の目線に立って考え、自身のイメージを適切かつ効果的に伝えるにはどうすればよいか。それを考え続けてきたからこそ、今でも最前線で活躍する音楽家として認められているに違いない。

第5章

「神（様）」がいる国

ハーンが出会い、まさしが見つめる日本

瀬戸邦弘
（鳥取大学准教授・博士）

さだまさしの描く世界と「神（様）」

「神（様）」は、さだまさしの作品に頻繁に登場する。彼らは決して詩の主役ではないが、それぞれにおいて〝助演俳優〟的位置づけで重要な役割を果たし、物語の大きなアクセントとなっている、そんな存在である。さて、彼らは押し並べて「神（様）」と呼称されているが、作品の中で必ずしも一様な存在として登場するわけではない。もちろん、個々の作品が別の世界（観）の中にある訳だから、当たり前と言えば当たり前に聞こえるかもしれないが、ここで注目したいのは物語の作り手であるさだまさしが「神（様）」という存在を如何なるものとして作中に配しているのか、という点であろう。さだまさしの作品に登場する「神（様）」とは一体どのようなものなのだろうか。本稿では、まさしの描く「神（様）」像について、彼が常に意識し、多くの作品のバックグラウンドに位置づける日本という国の文化を「神（様）」達の肩越しに見ながら、少し考えてみることにする。

そもそも我々にとって「神（様）」とはどのような存在なのであろうか。一般的には、例えば、創造主的な存在をイメージしたり、また、日本神道や古代ギリシア世界のような八百万、多神教世界をイメージしたりするだろうか。いずれにしても我々は「神（様）」という存在を「知っている」ことに間違いはない。さて、一方で興味深いことに、例えば神や宗教（文化）を専門的に研究する文化人類学の世界では、神を定義することや語ることは殊に難解な作業であり、不可能に近いこととも指摘されているのだが、それはその存在（概念）が近くにありながらも、身近過ぎるが故に、またあまりに大きくその全容を捉えきれない存在だから、などと言えるかもしれない。つまり「神（様）」とは、「居ること」は認識・共有はされ得るが、具体的にその「有り様」を語ることは全くもって難しい、そんな存在となろう。どうも「神（様）」とは我々になかなかそのお姿を見せてくれない、そんなものなのかもしれない。そこで、本稿ではその輪郭や内実を明らかにするために「他者の眼」を援用してみることにしようかと思う。

さて、ここで言う「他者」とは誰か、それは「外国人」のこととなる。特にそれは幕末〜明治中期に日本を訪れた外国人たちのことを指し、彼らの目に映った日本の姿の中から「神（様）」のお姿を探してみることにする。この頃はちょうど２００年以上続いた鎖国が終わり、諸外国と我が国の距離が急速に縮まり関係性が深まった時期に当たる。長きにわたる封印を解かれた日本には多くの外国人が訪れることになるが、彼らは、当時の日本人にとって当たり前であった光景を興味深い「異文化」として切り抜き、さまざまな著作でその独自性を伝えており、当時を知るうえでたいへん参考になるのである。本稿では、その中でも、特に日本文化研究者ラフカディオ・ハーンに注目することになる。ご存知のようにハーンは明治中期に日本を訪れ、鋭い観察眼と洞察力、類まれなる論理的な思考とその文章力から当時の日本文化を紐解き、叙述し、多くの気づきを数々の「日本文化論」として遺した人物である。さだまさしも彼の「流麗な謎解き」のファンのひとりであり、折に触れイザベラ・バード[*1]などとともにハーンの世界観をステージトークで紹介している。

本稿では、ハーンの出会い、遺した日本の風景や「神（様）」をひとつの縁（よすが）としながら、さだまさしの描く「神（様）」について考えてみることにする。ところで、ではハーンとはどんな人物なのか。以下に少し紹介してみる。

ラフカディオ・ハーンの出会った日本

ラフカディオ・ハーンは１８５０年に現在のギリシア領レフカダ島に生まれた。両親の離婚に始まり、16歳で左目を失明するなど決して幸せとは言えない幼少〜青年期を欧州で過ごす。その後、人生の「潮目」を変えるべく一念発起し、移民船でアメリカに渡ることになるが、この地でも生きることは苦難の連続であった。彼は行商や電報配達人、ビラ配りなど、生きるためにさまざまな仕事に就くが、そんな中で出会った「文章を書く（ライター）」という生業が彼の人生を新たなステージに導いてくれることになったのである。当時は、ちょうどトマス・クックなどによって列車や大型船による世界旅行が始まった時代であった。「旅行」という新たな文化・経済的営みが、外国や異文化を人々の興味関心の枠組みに引き入れるとともに、外国事情は「売れる」情報になっていく。異国の文化に関する記事は飛ぶように売れ、雑誌や新聞はこぞってそれらを紹介するようになったのである。そのため、外国文化を取材し、

＊1　１８３１年イギリス、ヨークシャーの牧師の娘として生まれる。病弱であったためその療養をかねて旅行に出たことをきっかけに世界各地を旅し、結果的に大旅行家となった。日本には１８７８年を最初に二度訪れてその様子を遺している。１９０４年、エジンバラにて没。

面白く書けるライターが求められるようになり、時代の趨勢の中で、元来、文章を書くことが得意であったハーンは、初めて自分が「生きる場所」に出会い、その途次で日本という南洋の不思議な国と運命的な出会いを果たすのであった。１８９０（明治23）年、彼は取材のために日本を訪れることになるのだが、この時点で、この国が「終の棲家」になるとは、夢にも思っていなかったであろう。

さて、ご紹介の通りハーンは記者として来日するのだが、生来の「癇癪持ち」的性格がそうさせたのか、出版社との契約の縺《もつ》れを機に彼は記者の職を辞してしまうことになる。この行動が行き当たりばったりだったのか、計画的なものだったのか、それは兎も角として、職を失ったハーンは兄事するB・H・チェンバレンに助力を求め、島根県尋常中学校（松江中学校）・師範学校に英語教師として赴任することになる。結果として、ハーンは彼にとっての運命の地である松江に辿りつくことになったのである。彼が来日した頃の日本は、すでに開国から30年余の時間が過ぎていたが、いわゆる明治維新、文明開化に伴う社会の変化／変容は、現代の我々が想像するよりも緩やかであり、この頃にして、いまだに我が国の近世と近代の西洋が緩やかに混じり合う、そんな空気観であったと言われる。特に地方都市山陰・松江は、むしろ近世の残渟の只中にあると言ってよいほど、古き良き日本が広がっていたようである。[*2] その後、彼は、この地で結婚、子供を授かるのを機に帰化し日本人「小泉八雲」となり、その独特な観察眼をもとに、数々の名著を残すことになるのは言わずもがなである。[*3]

ところで、「独特な」と記したが、彼の視点や分析のありかたは当時から斬新で新奇性に富み、研究者達でさえ、ついていけないほどに「切れ味抜群なもの」であった。一方で、民俗学的視点で評価されるのと同時に、その類まれなる感性と観察眼は「直観法的」な研究スタイルを強調させることにもなり、その点において分析の客観性の担保の面で批判の対象となってきたのも事実である。ただ、いずれにしても、彼の「鋭さ」、なにより「大胆さ」があったからこそ、見失われつつあった日本文化の「基層」について多くの知見が抽出され、そして遺せた、という点は間違いない。彼には「学問」という枠組みはちょっと窮屈なところであり、ハーンはその領域を少し超えたところに居た人物なのかもしれないと思われるのである。

では、ハーンはどのような対象に注目していたのか。それは「庶民の生活」の中にあった。例えば、ハーンは市井で受け継がれる民間信仰や、また、仏教から派生した

*2　健康上の理由等で、住み慣れた松江から熊本に生活の拠点を移す事になったが、熊本という土地について「西洋化し過ぎており好きになれない」とハーンは語っている（池田２０２１：35―43）。

*3　松江での生活を献身的に支えてくれた西田千太郎の勧めで、旧・松江藩士の家系の小泉節子と結婚することになり、彼女と生涯添い遂げることになる。

考え方、「迷信」などといった、当時「学問」においては、あまり目が向けられていなかった「日常」に注目し、その「非西洋的・非科学的」な枠組みの中で竊《ひそ》かに受け継がれる思想や思考に注目している。そして、これらが日本文化の形成やその独自性に重要な役割を担ってきたことを指摘しており、この分野に重要な視点を提供した人物なのである。

さて、当たり前のことだが、彼の思考や方法論は、故郷、欧州で培われてきた知識であり、それらを積極的に活用しながら日本文化と対話しその姿を詳らかにしている比較民俗学的視点は、我が国にとっては実に先進的で客観的な知見であり、ハーンは新たな視点を与えてくれる人物でもあったといえる。例えば、彼は日本の「神」を考える場合に「ghostly（霊的なもの）」という概念の重要性と有効性を指摘している。「ghostly（霊的なもの）」とは、そもそもアングロ・サクソン文化にみられる概念であり、宗教に係る全ての知識・ものは「ghostly（霊的なもの）」と呼ばれる枠組みの中に在るものと理解され、「神」もその一部として表象されていると説く。後に、もう少し触れるがこの概念は、彼の中で神々の国出雲地方を中心とする日本の「神」概念と重なり、共鳴しハーンの日本文化研究にとって重要な一部をなしていくのである。

少々余談になるが、彼ら（西洋人）からすればその文化もさることながら、それを生み出す人々（日本人）そのものも不可思議で興味深い存在に映ったようである。そのためか、多くの著作において当時の日本人たちが「妖精」として紹介されている点は興味深い。彼らにとりその住人も、もはや人間の域に存するものではなく、この国は「妖精の棲家」だったのである。このように、外国人達が感じた（良い意味での）これら〝違和感〟は、「異文化（異世界）」として切り取られ、時流に乗って積極的に海外に紹介されることになる。そして、結果として、それらのルポルタージュは時代を超えて再帰的に現代の我々に届けられることになり、示唆的で貴重な「あの頃」を知るための資料となったのである。

さだまさしの世界に登場する「神（様）」とその分類

■ 創造主的「神（様）」

それでは、さだまさしの世界に登場する「神（様）」を考えてみることにする。先述したが、各々の作品とはそれぞれの独立した世界にあり、「神（様）」の描かれ方は当然に異なっているともいえるかもしれないが、本稿では前提としてそれらを大きく二つのカテゴリーに分けてみることにする。

まず、一つ目のカテゴリーは、物語の世界を創り・護るいわば一神教世界における絶対的存在として登場するような「神（様）」である。そもそも、人間とは文化という「装置」を通して、世界を秩序あるものにしており、その意味で「神（様）」とはその秩序の中心に存在し、それを保証するものとなる。押し並べていうならば、この枠組みに位置するのが一つ目の「神（様）」といえよう。この「神（様）」が登場するまさしの作品を具体的に挙げるならば、まずは、**「遙かなるクリスマス」**（２００４）や**「神の恵み～A Day of Providence～」**（１９９８）などになろうか。これら作品は、言うまでもなくキリスト教の世界観とその「神（様）」となる。また**「奇跡～大きな愛のように～」**（１９９１）や**「償い」**（１９８２）に登場する「神（様）」も、具体的にはどの宗教における神であるのか、言及がないため同定はできないが、作品の中で神は世界秩序の中心に位置し、絶対的な存在として人々を護り、癒しているることに間違いない。例えば**「奇跡～大きな愛のように～」**では、絶対的な存在である「神様」に「負けない」と宣言することで、自身の愛の深さと強さを鮮烈に印象づけ、**「償い」**において主人公は、償いきれぬ過ちを犯した友への「赦し」を神に乞うている。そして、**「風に立つライオン」**（１９８７）に関しては、少し複雑な信仰のありさまも垣間見れて興味深い。主人公は現地医療の中で、人として医師としての限界（自身の無力さ）を憂う一方で、「唯一神」への独白を通じて癒しと赦しを得ながら、彼の地（アフリカ）で生きる支えを得ている姿が印象深い。

さて、**「風に立つライオン」**に関していえば、後に上梓された小説版（２０１３）

において、さらに医療と人間、そして「神（様）」の関係が詳述されている。そこでは、生命という営みが、医師（人間）が直接関与できる（ような）営為ではなく、全て「神（様）」によってもたらされる崇高なものであることが詳述されている。[*4] また、この作品が、アフリカの大地とそこで生命を燃やす日本人医師の物語であるために、ひとつの宗教的な背景というよりも、例えば「**…闇の中ではじける彼等の祈りと激しいリズム…**」が示すように、彼の地の人々の生命の中心に存在する現地の民族信仰の放つ生命観やその躍動感、自然と強く強く繋がる生命の営みが描かれ、同時に、その背景にはキリスト教的な世界観（現代医療も含めて）も散見できる。例えば、クリスマスにはサンタ・クロースも現れ、空には南十字星がいつも人々を見守り、そしてこの詩は、さだらしい「Amazing Grace」の〝本歌取り〟にて結ばれていく仕組みとなる。あまりにも一般的な歌として有名になりすぎているため、ご存じない方もおられるかもしれないが「Amazing Grace」とは教会で生まれた讃美歌の一つなのだ。このように複合的な宗教や信仰の存在とそのありようが垣間見れるのは、アフリカという場所が18世紀以降さまざまな政治的思惑や思想、宗教が入り混じりながらその歴史を重ねてきた事にも暗に触れているようにも思える。そのために本作品は、

「クレオール的な神」の存在もどこかに見えるような気がするのである。これらのように、まさしの作品に登場しその世界のすべてを司り、人々の「運命」と直接に関係する存在のことを、本稿では「創造主的『神（様）』」と呼ぶことにする。

■困った時の神頼み的「神（様）」

一方で、これまで語ってきた絶対的存在と考えると、いささかしっくりこない「神（様）」もまさしの作品には頻繁に登場しており、ちょっと興味深いところである。例えば**「雨やどり」**（1977）に登場するような「神（様）」といえばわかりやすいだろうか。**「それはまだ　私が神様を信じなかった頃」**で始まるこの作品は、「前期さだまさし」の代表曲であり、終始（「神（様）」への）独白的な表現形式の中で、（たぶん）「神（様）」であろう「超自然的な何か」に導かれるように変化していく主人公の内面が描かれたものである（恋愛にのめり込んでいく自分を「神（様）」のせいにしているような気もしなくもないが）。そして、最終的にそのコミカルなプロセスと不思議な恋の結末は、素敵な「運命」として描かれ、見方によってはよくできた〝宗教

＊4　自伝的小説『かすてぃら』（2012）において、父は、少年まさしに生命の尊さとその限りについて「神」が決めるものである、と説いている（さだ2012：41―44）。

劇〟とも指摘できるかもしれない。

さて、この作品に登場する「神（様）」は、「神」ということに変わりはないのだろうが、一方で先述してきたような絶対的存在には映らないし、そう考えようとすると何か違和感がある。それは、むしろ、例えば「困った時にだけ助けてくれるような」、むしろ自分にとって「都合の良い存在」であり、主人公から**「ちょうだいませませ」**などと語りかけられることからもわかるように、彼女にとって、どうももっと身近で親しみやすい存在のようである。その意味でいえば、ここで登場する「神（様）」とは、例えば、我が国の庶民信仰において願いを叶えてくれる「神（様）」的存在といえるのではなかろうかと考えるところである。その文脈でいえば**「パンプキン・パイとシナモン・ティー」**（1979）はたいへん興味深い作品となる。コーヒー・ベーカリー「安眠（アミン）」に集まる〝祭祀集団〟である「娘等《ムスメラ》」によって、日常的に営まれる〝現代的呪術行為〟（シナモンの枝で恋しい人の名前をガラスに三度書く行為等）は、まさに、「現世利益」を叶えるための宗教的儀礼行為に他ならない。また、もちろん、その儀礼はそれを叶えてくれる「誰か」が居て初めて成り立つ行為であり、文化人類学者、東賢太朗が指摘するところの現代社会の呪術化の都市における一例とも指摘ができ、学術的にもたいへん興味深いところなのである。このように、これらの物語に見え隠れする「神（様）」とは最初にご紹介した「創造主」というよりは、もっと近くに居て何か気軽に「手助け」してくれるような存在なのである。

翻って考えてみれば我々（現代日本人）は、彼女たち（ムスメラ）のように勝手なタイミングで「神（様）」に、「真に」身勝手な御願いをすることがよくある（定石？）のだが、このような場合に登場する祈願の対象とは、何か決まった「神（様）」というよりも「特定はされないが、特別な力によって助けてくれる存在全般」を指すかもしれないと思うのである。例えば、「神様！　仏様！」のような常套句に「仏（様）」が含まれるように、「神（様）」に限定されるというよりも、「超自然的な存在で、尚且つ、困った時に助力をくれる存在全般」としての「神（様）」となるのかもしれないと考えるところである。そのため、本稿では、こちらの「神（様）」的存在を「困った時の神頼み的『神（様）』」と呼称することにしてみる。[*5]

ところで、ここまで、まさしの作品に登場する「神（様）」を大きく二つに分けて紹介してみたが、もちろん、これらが厳密かつ完全に分かつことなどできないことは

＊5　我々の身近な存在、例えば先祖や先立った家族や仲間、愛玩動物などを含めたものも、超自然的な存在となり、いつも我々を見つめてくれていることになる。

十分に承知しているつもりである。一方で、さだまさしの作品における「神（様）」という言葉を考察しようとすると、一つ目の「神（様）」はもちろん不動の、重要な存在として座しているのではあるが、二つ目に提示した存在が、実は結構頻繁に登場し、それらは時に文化人類学でいうところの「トリックスター」[*6]のように世の中の秩序を心地よく〝変調〟させながら物語を展開させる特別な存在（物語のスパイス）なのである。彼らは、それぞれの世界において「定型にちょっと収まらない存在」、助演男優として重要な役目を果たすことになっており、注目に値するのである。

「ghostly（霊的なもの）」と「日本人の微笑」

「困った時の神頼み的『神（様）』」が、まさしの描く世界で重要な役割を果たすと指摘したが、彼らは「神（様）」であるから、もちろん、物語の中で何か具体的な仕業（可視化されたアクション）を為すことはない。彼らは「超自然的な存在」であるため、ある意味、物語の背景（世界そのもの）的に存在しながら、同時に、登場人物の対話者としてその思いを聞き、癒し、そして希望を与え、ごくたまに引っ掻き回す、そのような役回りといえるだろうか。さて、この二つ目の「神（様）」を考える時に、実はハーンが我々に遺してくれた知見のひとつが示唆を与えてくれるような気がしている。先述した「ghostly（霊的なもの）」である。彼は、東京帝国大学の講師時代に『文学における超自然的なものの価値』という講義の中で、日本の「神」概念を紐解くために「ghostly（霊的なもの）」を紹介し、「霊的」な枠組みや「霊性」を仮定し、その全体の中で「神」を理解することの重要性を説いている。また、彼は（当

＊6　策略を巡らせ、いたずらをしてそれまでの秩序を一時的に破壊する神話や伝承に登場する人物や動物であるが、そのために日常の大切さを教えてくれる不思議な存在である。また、徒党を組まず単体で行動する特徴もある（井上　1994：537）。

時の）日本人にはこの「霊性」を感じ・認識するための「受信器」をその身体に宿している民族であることも指摘し、日本の「神」のみならず、日本人たちも「霊性」の枠組みにいる事、神性を宿している事を指摘しているのである。[*7]

1893年5月に『The Atlantic Monthly』[*8]にて論考「日本人の微笑」を発表するが、この中で、ハーンは日本人にとり「微笑」が単なる個人的な感情の発露ではなく、この国の歩みの中で民族として得た表象の形であり、それは「日本民族精神の結晶」であるとも指摘している。「日本人の微笑」はひとつの文化コード "The Japanese Smile" として、世界中に知られるところになったのである。日本人は、周囲に余計な気遣いをさせることを思いやりのない、はしたない行為と位置づけ、嘆き悲しみが起こるべき時にさえ、いやそういった時にほど笑顔を創る傾向にある、すなわち「微笑」とは、社会性の表象なのだとハーンは説く。また、彼はこの「微笑」は、日本の子供には生来備わり、また、それは家庭教育によりしっかりと養われていくものと指摘しており、「微笑」とは単なる表象ではなく、日本人の高い教養の一つの姿なのだと評価しているのである。

さて、表象や教養として指摘される「微笑」であるが、ハーンはそれだけではなく、その源泉に「霊性」が存在していることも指摘している。[*9] 彼は、この「微笑」の背後に、儒教の理論体系を見出し、また、その微笑む姿そのものを仏教世界の菩薩と重ねる。ハーンは、路傍の「地蔵」の微笑に日本人の姿を映し、市井の子供の笑顔に仏を見出したのである。「日本人の微笑」の根本には、霊性を帯びた信仰や宗教的観念が存在しているのである。

そして、彼はこの「微笑」の紹介の最後にこのような思いを付言している。「(将来の日本人は) 古代の神々の顔を見、表情を見なおして驚くに相違ない。なぜならその神々の微笑はかつては…日本人自身の微笑でもあったのだから」…。この一節はまさしもステージトークで折に触れ紹介するものだが、ハーンは、将来の我々がその「微笑」が自らのものであることさえ忘れてしまう、すなわち我々はその「霊性」を失ってしまい、日本人ではなくなってしまうのではないだろうかと、将来の日本や日本人を憂いているのである。婉曲的に路傍の「地蔵」や「石仏」に宿る日本人の姿を我々

*7 池田雅之はハーン（小泉八雲）を評して「日本の美と霊性の発見者」であるとともに、その発見を通じて明治期の日本人に自信を与えた人物とも指摘している（池田2021：9—10）。また、彼の文学作品を評して「ハーンの魂がこの国に有るあらゆる存在（超自然的なもの、自然、動植物、人間など）の内に宿る「霊的なもの」と響き合い、その照応に拠って生まれた芸術である」（池田2021：8—9）と述べており、その意味で、ハーン自身も日本の「霊性」を感じる事が出来た人物と指摘されるのである。

*8 1857年に文学、芸術、政治に関する雑誌として創刊され、現在では国際問題や時事問題にも取り組み、現代アメリカを代表する雑誌である。

*9 濃尾地震の最中でさえ、市井の人々が微笑を浮かべながら自身の悲劇を受け入れる姿も紹介されており、たいへん興味深い。

に伝えるハーン。この指摘から130年以上の時が過ぎたが、まだ我が国にはこの国の「ghostly（霊的なもの）」を帯び、それを感じることが出来る人々がいるのだろうか。**「むかし子供達は」**（1981）の子供達のように、いまの子供達は、まだかみさまのとなりにいるのだろうか。ハーンの指摘は我々にたくさんの「問い」を残してくれているのである。

違いを超えて遍く共有される「笑顔」

ここで、前掲した「神の恵み～A Day of Providence～」（１９９８）について少し考えてみることにする。この作品は戦後の長崎に入港してきた米戦艦を題材に、幼い頃のまさしの実体験がベースになったものである。雅志少年は愛する日本を、故郷長崎を苦しめた〝敵国〟の、その戦艦や兵士たちに狂喜し、チョコレートを求めている子供たちをどこかシニカルに見つめ乍ら「これからはこの人たちが自分達を守ってくれる」と言う都合の良いロジックを消化できずにいた。本詩では、この艦に名付けられたProvidenceを「摂理」や「神意」であることを知りながら、敢えて「神の恵み」と言う少し柔らかな（そして考えようによってはシニカルで強い）表現で表し、あらためて「神」や「平和」について考えている。[*10] Providence号のエピソードは小説『かすてぃら』にも詳説されているが、そこで語られる幼少期の「神（様）」そして「神の恵み」への違和感は、時を経て大人になって歌手さだまさしになった雅

*10 当時、アメリカで原子爆弾を「神の火」と表していたように、戦時下では自身の行為を正当化するために「神」という言葉を、象徴的に用いられることもあるようだ（湯浅 ２０２２：94—95）。

志が、ひとつの楽曲として結実させ、幼き日の自分への答えを提示しているように見えるのである。

さて、その「結実」の仕方とはどのようなものか。この詩は、当時の大人や日本への諦観の充満する前半部から一転し、後半部やラストではそれらの思いが徐々に中和され、且つその思いを包み込むかのように**「本当の僕たちの笑顔を　作り直せばいい」、「永遠の笑顔を君が抱きしめるために」**と希望の言をもって締め括られている。では、ここでいう「本当の笑顔」とはどのようなものを指すのだろうか。その笑顔とはハーンがこの国でかつて見た「微笑」に通じるものなのだろうか、とふと考えてみると、（たぶん）「そうである」のだが、（たぶん）「それだけではない」という答えに辿り着くような気がしている。その笑顔は、たぶん「日本人の」とか、限定されるものではなく、普遍的（ユニバーサル）な姿を描いているからではないか、という思いに至るからである。そして、そこに登場する「君」とは一人称のあなた（だけ）ではなく、「世界中の人々全て」を指すものであり、まさしがこの詩に託した想いとは、諍いや戦争などを超えた世界が完全に実現している状態なのではなかろうか、と思うところである。つまり、ここで述べられる「笑顔」とは「本当の平和」と置き換えられるような概念なのかもしれないと考えるところである。ひょっとしたら、まさしはハーンがあの頃見た「微笑（≒笑顔）」を、この国の人々が思い出す（取り戻す）ことを常に強く願うのと同時に、さらに、グローバルでボーダーレス、緊密な世界の拡がりの中で、いつかその「笑顔」が、世界に共有される「財」の一つとして普遍的枠組みに昇華し、違いを超えて人々に遍く共有され、そして溶け合う。そんな時代が必ず来る、切なくも強い思いが込められているのではなかろうか、と思うのである。

ところで、ハーンは「日本人の微笑」への危惧の一方で、こんなことも述べている。「…日本は、十世紀以上も前に中国文明を同化吸収したように、西洋文明をこれから同化吸収できるだろうか…」。ハーンは、過去の劇的な文化変容の只中においても我々日本人が自身（日本）を見失わなかった事実と、日本人の持つ柔軟性と吸収力の高さ、そして器用さの存在を指摘し、この国の住人が持つ「しなやかさ」と「強さ」にも気づいていたのである。例えば、**「前夜（桃花鳥）」**（１９８２）を考えた場合にも、この詩で述べられる日本への世界への「諦観」や「自嘲」は、同時にその奥底に日本人の〝柔軟性〟が暗示されていたからこそ、その〝強さ〟にみる希望があるからこそ、あの詩は我々の心に響いたのではなかろうか、そんな風にも思えるのである。

では、**「神の恵み～ A Day of Providence ～」**に戻って、この点を考えてみることにしよう。この詩で示された戦争というこの世で示し得る最悪の対立の構造の中で、しかも敗戦国として出会った〝敵国〟の信仰や宗教でさえも、いつかは、そして何時の間にか、我々日本人は（自身の文化を失わずに）それを吸収してきたのではないか、実際に、明治維新や第二次世界大戦の敗戦と米国の進駐と言う、劇的で直接的な文化変容を経験しながらも日本人はその荒波に際して「したたかに」、そして「しっかりと」自身の文化を護り、継承してきたのかもしれない、ハーンの言葉からはそんな推論が立つのである。もちろん、その〝全て〟ではなかろうが、我々にとり「大切な何か」は、まだ我々の国にあり、その「何か」を感じる「受信器」もまだ我々の中に〝まだ在る〟のではないだろうか。そんな事をさだまさしは、実は考えていて、この詩のようにいつも我々にそのシグナルを伝え続けているのではないかと邪推するところである。

いつも傍らに居てくれる「神（様）」

もう少し話を展開してみる。まさしもステージトークで時折借用する釈迦の言葉を借りるならば「人生とは『苦』でできている」ことになるのだが、そんなことは百も承知であるはずのさだまさしはいつも「（いつか）人は幸せになれる」、「強い夢は叶う」と説き続けていることもご存知の通りである。さて、では、この〝矛盾〟はどのように解消できるのだろうか。長年、心の喉の奥の小さな魚の骨のようにかすかな痛みを与えながら存在していた疑問は、本稿を認《したた》める中で、知らぬうちに、少し昇華（消化）できたような気がしているところである。例えば、「叶わぬ・破れた夢」とは、その人が出会うべき「幸せ」への一里塚として必要条件として現れた（用意された）のではなかろうか、そんな風に考えるようになったのである。このロジックは、まさにまさしの半生を振り返ればわかりやすいものかもしれない。バイオリニストを夢見た雅志少年は単身上京するも、数年後音楽高校の受験に失敗し、次の夢である作

曲家の道も断念し、逃げるように郷里に帰ることになる。ただ、今から思えば、当初の夢が叶っていた場合、彼がその人生で〝なすべきこと〟(したいことではない)を全うできたかというと大いに疑問符がつくのである。なぜなら、もし(神童であった)彼の能力通りにバイオリンのソリストの道に進んでいたならば、彼は平仮名の「さだまさし」にはなれなかったからである。当初の夢が「破れた」(ように見える)ことによって、彼の人生には次の道(夢)が拓けた(ように見える)のであり、もしも運命という未来完了形の視点で語るならば、未来に繋がるための必然の過程だったのである。仏教では「人は皆、菩薩(修行者)である」とされるが、修行者(我々)がその途次で求める夢が、菩提を得る頃に辿り着く(着きたい)境地と符合することの方が、不自然なことかも知れないと思うところでもある。偶然にも、佐田家の家訓(?)は「なんとかなるかわからないが、どうにかはなる。」であるが、この言葉は彼の半生を俯瞰した後にはこれまでよりも響く言葉なのである。

あわせて、個人という時間で完結しない「想い」も世の中には多く存在する。そのために、我々は生命というバトンを繋ぎながら、その「想い」を全うすることにもなるのであろう。だとすれば、個人の時間(人生)だけで、「生命」の価値を測ることも、少し違うのかもしれないと考えられるようになった気がする。生命とは魂をもってさまざまに受け継がれるものであり、直接的な家族という営みで受け継がれるものもあれば、「遺志」として彼らの周りにいた人、その想いに共鳴した人を含めて、様々な「生命」は時に直線に、時に同心円状に拡がりながら繋がっていくものであり、「神（様）」は、いつもその生命の営みを柔らかな秋の日差しのように暖かく見守ってくれているのである。

さて、先述してきたようにまさしの描く世界の「困った時の神頼み的『神（様）』」とは、絶対的存在ではなくいつも傍らに居てくれるような、そんな「神（様）」なのであるのだが、一方で実は一つ目と二つ目の「神（様）」とは「共存」しているかもしれないと、筆を進めながら感じ考えるところでもある。我々は「創造主的『神（様）』」が創った世界の中で「困った時の神頼み的『神（様）』」に、身勝手なお願いをしながら、それでいて、日々その人生を一所懸命慎ましやかに歩んでいるのかもしれない。そして、そのような周りとの調和を気にしながらも（全くもって勝手な）お願いをする有り様こそが、日本という国の日本人の姿なのかもしれないとも思うのである。そして、さだまさしが描く世界には、いつもこの国で育まれてきた「神

（様）」たちが居てくれて、我々を柔らかな光で包み込んでくれているのである。

ただ、「神（様）」は、いつも我々のそばに居てくれるのであるが、我々は最近ちょっと忙しすぎて、そのことを忘れがちであるのも事実だ。（でも、世の中で最も忙しい人間の一人であろう）まさしはいつもかみさまのとなりにいて、彼らがずっと我々を見守り、いつも傍らで「微笑」んでいてくれることをそっと教えてくれるのである。

《参考文献》

『リアリティと他者性の人類学　現代フィリピン地方都市における呪術のフィールドから』（東賢太朗、三元社）
『小泉八雲　日本美と霊性の発見者』（池田雅之、角川ソフィア文庫）
「トリックスター」井上兼行『文化人類学事典』（石川栄吉他編、弘文堂）
『日本民俗事典』（大塚民俗学会編、弘文堂）
『神々の国の首都』（小泉八雲、平川祐弘編、講談社学術文庫）
『明治日本の面影』（小泉八雲、平川祐弘編、講談社学術文庫）
『かすてぃら』（さだまさし、小学館文庫）
『風に立つライオン』（さだまさし、幻冬舎文庫）
『岩波　仏教辞典』（中村元他、岩波書店）

『小泉八雲事典』（平川祐弘監修、恒文社）
『庶民信仰と現世利益』（宮本袈裟雄、東京堂出版）
「生命」湯浅諒『早稲田大学さだまさし研究会40周年記念誌　Ken＋わせだ魂　わさだ魂』
『小泉八雲　東大講義録　日本文学の未来のために』（ラフカディオ・ハーン、池田雅之編訳、角川ソフィア文庫）
『新編　日本の面影』（ラフカディオ・ハーン、池田雅之訳、角川ソフィア文庫）

《参考コンサートプログラム》
日本架空説２０００―２００１　vol. 43
日本妖精伝２００１―２００２　vol. 46
美しき日本の面影２００６―２００７　vol. 54

《参考楽曲》
「雨やどり」『さだまさしベスト16』
「パンプキン・パイとシナモン・ティー」『夢供養』
「むかし子供達は」『生生流転』
「前夜」『夢の轍』
「償い」『夢の轍』
「風に立つライオン」『夢回帰線』
「奇跡～大きな愛のように～」『家族の肖像』

「神の恵み～ A Day of Providence ～」『心の時代』

「遙かなるクリスマス」『恋文』

《参考トーク集》

さだまさし「「人生は苦しい」と言ったお釈迦様」（びわ湖ホール２００８・10・14収録）『さだまさしステージトーク大全2』Disc8 ２００４～２０１１

第6章

さだまさしに見る日本語再発見

現代日本語の問題点

宝福了悌
（國學院大學大学院文学研究科博士後期課程・さだまさし書生）

序

■研究の動機

私が「さだまさしに見る日本語再発見～現代日本語の問題点～」[*1]を研究テーマに掲げた理由は大きく分けて2つある。

1つ目の理由は、私が小さな頃から日本語に興味を持っていたと言うことである。両親が声楽家であったこともあり、幼少期より、常に発音や発語について考える環境にあり、鼻濁音をはじめとする発音に注意してテレビドラマや小説などで日本語と触れていた。それらから私は慣用句や四字熟語、小難しい言葉遣いなどを学び、育ってきた。そして、小学生の頃、歌舞伎を鑑賞した際、「同じ日本語なのに、ここまで理解できないものか」と古語と現代語の違いに驚いた。しかし、中学校で古典の授業を

受け、古典作品の読解をした時、歌舞伎を鑑賞した際の「古語は難しい」という印象はひっくり返った。現代の歌よりも、古典の詩の方が、心に染み入ってきたのだ。

私は、なぜ古典作品の詩歌の方が現代の歌詩よりも心に染み入ってくるのかという疑問を持った。そして、現代の歌詩は話し言葉がベースになっているという点と合わせて、古語の方が現代に使われている言葉よりも表現が繊細だと考えるようになった。そこで、2つ目の理由が登場する。

2つ目の理由は、さだまさしに興味を持ったことだ。また、さだまさしに対する興味の持ち方は、2つのものがあるので、2つに分けて記していくこととする。

さだまさしの「案山子《かかし》」を高校1年の春に国語の授業で聴いた際に、

城跡から見下せば蒼く細い河　橋のたもとに造り酒屋のレンガ煙突
この町を綿菓子に染め抜いた雪が　消えればお前がここを出てから　初めての春

という歌詩と

---

*1　この論文は、著者が東京大学教育学部附属中等教育学校在学中に書かれた。

山の麓煙吐いて列車が走る　木枯しが雑木林を転げ落ちて来る　銀色の毛布つけた田圃にぽつり　置き去られて雪をかぶった　案山子がひとり

という歌詞の2箇所を聴いて、あたかも、私が今まさにそこに居るかのように感じた。

瞼を閉じればそこに河と橋が見え、蒸気機関車が見えた。また、情景ばかりでなく、煙突から出る煙のにおいや、蒸気機関車の音、空気の冷たさなど五感で「**案山子**」という曲に触れることができた。そして、「**案山子**」を聴いた後、別の楽曲を聴きたいと思い、帰宅した後すぐに「**無縁坂**」を聴いた。そうすると「**無縁坂**」でも同じように情景が目に浮かんできた。しかも、今回は風景ばかりでなく、登場する人物の顔つきや表情までもが見えてきた。このことから、私はさだまさしの用いている日本語が「聞き手にここまで風景を伝えられるものなのか」と感激し、「聞き手が想像をかき立てられる力」のある日本語に興味を持った。

その後、さだまさしのアルバム『天晴《あっぱれ》～オールタイム・ベスト～』を購入し、楽曲を貪るように聴いてみたところ、ある3曲がとても印象に残った。その3曲とは「**飛**《とび》

梅《うめ》」、**「修二会《しゅにえ》」**、**「まほろば」**である。この3曲では情景が浮かぶということもさることながら、その日本語に非常に驚かされた。太宰府天満宮の飛梅伝説を題材にした**「飛梅」**では、

東風《ひがしかぜ》吹けば　東風《こち》吹かば君は　何処かで想いおこしてくれるだろうか

という歌詞がある。これは、菅原道真の和歌「東風《こち》吹かば　にほひおこせよ　梅の花　主なしとて　春を忘るな」*2を踏まえた、本歌取りとも呼ぶことのできる内容になっている。

次に、東大寺の修二会、所謂「お水取り」という法会を題材にした**「修二会」**では、修二会という春の季語から連想される語句「春寒《はるさむ》」を用いた**「春寒の弥生三月花まだき」**という歌詞で曲が始まる。また、ここに出る「まだき」という表現は「まだその時点に達していない時。早い時期」という意味である（明鏡国語辞典　第二版）。その後、**「こもりの僧の沓の音」**と言う表現が出てくるが、これもまた、本歌取りととることのできるものであった。松尾芭蕉が『野ざらし紀行』において、修二会を

*2　「春を忘るな」は『大鏡』によった。『古今著聞集』などでは「春な忘れそ」。

詠んだ際に、「水とりや　氷の僧の　沓の音」と詠んだ。この「氷の僧」が「籠りの僧」と書かれている石碑が東大寺に立っている。極めつけは奈良を舞台に無常観を描いた**「まほろば」**であった。この曲は歌詩全体がほぼ七五調で描かれており、さらに、「馬酔木」を**「馬酔木《あせび》の森の馬酔木《まよいぎ》に」**と詩中に繰り返し登場させ、読み方を変えた上で、「迷い木」との掛詞としている。

さらに、この歌にも一種の本歌取りと呼ぶことのできる技法があった。

川の流れは　よどむことなく　うたかたの時　押し流してゆく

は、『方丈記』の冒頭文を彷彿とさせる。また、

二人を支える蜘蛛の糸　ゆらゆらと耐えかねて　たわむ白糸　君を捨てるか　僕が消えるか

では芥川龍之介の『蜘蛛の糸』を題材にしていると考えられる。そして、歌詩の最後に「青丹《あおに》よし平城山《ならやま》の空に満月」と、「青丹よし」と言う枕詞から「奈良」という語を導きだして曲が終了する。

これら3曲を聴いた後に私はさだまさしの歌詩の中に今までに自分が感じたことのない「何か」を感じた。その「何か」について考えてみると、その「何か」の正体が、さだまさしの言葉の選択ではないかと思えてきた。

以上の2つの出来事から、研究テーマを定めた2つ目の理由は、以下のようにまとめられる。

さだまさしの詩はその情景を想起させるのに最適な言葉や、古典文学からの引用を用いて、日本という国に生まれた、私たちの心の機微を表現する言葉を選択しているのではないかと考えるようになり、「聞き手が想像をかき立てられる力」のある日本語に興味を持った。そこで、今一度、日本語を見つめ直そうと思い、このような論文を書く運びとなった。

■研究の目的と方法

以上の動機から私はさだまさしの「雅語」とでも呼ぶべき言葉に興味を持った。そして、さだまさしの「雅語」に触れているうちに、日本語の表現の可能性に気付き、これを広く伝えようと考えた。

ところが、現代日本人が用いる日本語はまるで、多様な表現を可能にする豊富な語彙を放棄したかのごとく、少数の言葉で済ませてしまっている。少数の言葉で済ませているうちに、使用する語彙の減少につられて、感情の細やかさまでもが、大雑把になるのではないかと危惧した。

具体的に述べると、現代日本で話されている言葉は、「ヤバイ」や「カワイイ」といった言葉の占める割合が多いのではないか。例えば「ヤバイ」と言う言葉には、差し迫った様子の他に、美味しさを表現したり、規模が他とずれていることを表現したりと、様々な意味を内包している。このままでは、世の中の全てを「ヤバイ」で表現するような時代が来るのではないかと思い、そのときに繊細な日本語は存在するのか不安になった。

繊細な言葉を知っているからこそ、大雑把な言葉も活きてくると考えるので、そのためにも現代日本であまり話されていない日本語の「素晴らしさ」を人々に広く伝えることを研究目的とする。

さだまさしの楽曲を聴き、さだまさしの語彙を調査し、語彙調査表を作成した（未掲載）。それをもって、いかにさだまさしの使用している語彙に「聞き手が想像をかき立てられる力」があるか、また現代日本語に使われていないかを調べる。主に、以下の3点である。

①さだまさしの用いている日本語と現代社会で用いられている日本語との比較
②さだまさしの用いている日本語とX（旧Twitter）などで用いられる日本語との比較
③さだまさしの用いている日本語とメディアなどで用いられる日本語との比較

この3点でさだまさしが、日本語をいかに堅持しているかを比較研究する。

6-1 研究の準備

私が調査に用いたＣＤタイトルと、そこに収録されている楽曲のタイトルを以下に記述していく。

『帰去来』

多情仏心／線香花火／異邦人／冗句／第三病棟／夕凪／童話作家／転宅／絵はがき坂／指定券／胡桃の日

『風見鶏』

最終案内／つゆのあとさき／飛梅《とびうめ》／きみのふるさと／思い出はゆりかご／セロ弾きのゴーシュ／もうひとつの雨やどり／吸殻の風景／桃花源／晩鐘

『私花集』

最后の頁《ページ》／SUNDAY PARK／檸檬《れもん》／魔法使いの弟子／フェリー埠頭／天文学者になればよかった／案山子《かかし》／秋桜《コスモス》／加速度／主人公

『夢供養』

唐八景一序／風の篝火《かがりび》／歳時記《ダイアリィ》／パンプキン・パイとシナモン・ティー／まほろば／療養所《サナトリウム》／春告鳥／立ち止まった素描《デッサン》画／空蟬《うつせみ》／木根川橋／ひき潮

『印象派』

距　離《ディスタンス》／検察側の証人／聖　野　菜　祭《セント・ヴェジタブル・デイ》／みるくは風になった／

たずねびと／推理小説《ミステリー》／0　－　15《ラブ・フィフティーン》／神話／博物館

『うつろひ』

住所録／鳥辺野／第三者／邪馬臺／肖像画《ポートレイト》／昔物語／明日檜／分岐点／黄昏迄／小夜曲《セレネード》

『Glass Age』

名もない花／桜散る／虹の木／もう愛の歌なんて唄えない／Forget-me-not／空缶と白鷺／寒北斗／下宿屋のシンデレラ／玻璃草子／春雷／道の途中で（ON THE WAY）／名もない花

『夢回帰線』

バニヤン樹に白い月～LAHAINA SUNSET～／6ヶ月の遅刻～マリナ・デル・レイ～／pineapple hill／シ バス パラ チリ～もしチリへ行くなら～／男は大きな河になれ～モルダウより～／時差《タイムラグ》～蒼空に 25¢～／回転木馬／東京／風に立つライオン

『風待通りの人々』

夢と呼んではいけない～星屑倶楽部／ふきのとうのうた／初雪の頃／十七歳の町／花の色／勇気を出して／普通の人々／凛憧一りんどう一／Bye Bye Guitar／少年達《こどもたち》の樹《き》／ONLY～薔薇園～

『夢の吹く頃』

ETERNALLY／雨の夜と淋しい午後は／昨日・京・奈良、飛鳥・明後日。／理・不・尽／夢の吹く頃／二軍選手／マグリットの石／紫野／あなたを愛したいくつかの理由／天狼星《シリウス》に

『建具屋カトーの決心―儂がジジイになった頃―』（シングル）

建具屋カトーの決心　儂がジジイになった頃

『夢ばかりみていた』

夢ばかりみていた／1989年　渋滞《ラッシュ》―故 大屋順平に捧ぐ―／修羅の如く／初恋／十六夜／破／デイジー／せっせっせ／冬の蝉／赤い靴

『夢回帰線Ⅱ』

ナイルにて―夢の碑文《いしぶみ》―／カリビアン・ブルー／SNOWMAN／白鯨／リンドバーグの墓～Charles A.Lindbergh Grave～／ビクトリア・ピーク／Song for a friend／水底の町／天然色の化石／夜想曲《ノクターン》

『家族の肖像』

春／ハックルベリーの友達／ヨシムラ／神様のくれた５分／猫に鈴／October～リリー・カサブランカ～／秋の虹／戦友会／秘恋／奇跡～大きな愛のように～

『さだまさしシングルス全集　第１巻』

雪の朝／虹がかかったら／精霊《しょうろう》流し／哀しみの白い影／追伸／ひとり占い／ほおずき／残像／朝刊／交響楽《シンフォニー》／無縁坂／雲にらくがき

『さだまさしシングルス全集　第２巻』

雨やどり

『さだまさしシングルス全集　第３巻』

天までとどけ／惜春／関白宣言／なつかしい海／親父の一番長い日／椎の実のママへ／道化師のソネット／HAPPY BIRTHDAY／防人《さきもり》の詩／とてもちいさなまち／驛舎《えき》／APRIL FOOL

『ほのぼの』

夜間飛行～毛利衛飛行士の夢と笑顔に捧ぐ～／薔薇ノ木ニ薔薇ノ花咲ク／警戒水位／残照／邂逅／あなた三昧／好敵手／未来／本当は泣きたいのに／聖域《サンクチュアリ》～こすぎじゅんいちに捧ぐ～

『さだまさし白書～リサイタル'92～』

しあわせについて

『逢ひみての』

イーハトーヴ／落日／時計／東京物語／山ざくらのうた／修二会／心斎橋／遍路／吾亦紅／広島の空／理想郷《ニライカナイ》

『おもひで泥棒』

病んだ星／春の鳥／予約席／約束／ヴァージン・ロード／ひまわり／ひとりぼっちのダービー／関白失脚／病んだ星（インターミッション）／ソフィアの鐘／おもひで泥棒／虹～ヒーロー～

『さよならにっぽん』

さよなら にっぽん／名刺／ステラ，僕までの地図／烈／地平線／六日のあやめ／鳥辺山心中／銀杏散りやまず／青の季節

『心の時代』

心の時代／クリスマス・ローズ／驟雨／君が選んだひと／秘密／神の恵み～ A Day of Providence ～／不器用な花／こころとからだ／都府楼／航跡／白夜の黄昏の光

『日本架空説』

飛沫／風炎／アパート物語／城のある町／天空の村に月が降る／The Day After Tomorrow ～明後日まで～／舞姫／八ヶ岳に立つ野ウサギ／月蝕／最期の夢

『恋文』

愛／決心～ヴェガへ～／恋文／黄昏坂／やさしい歌になりたい／ローズ・パイ／春爛漫／ふたつならんだ星～アルビレオ～／遙かなるクリスマス／ちいさなおばあさん／愛～エピローグ～

『とこしへ』

さよならさくら／冬物語／ぬけみち／ちからをください／とこしへ／手紙／秋麗／女優／ MOTTAINAI ／長崎の空／記憶

『美しき日本の面影』

桜人～序章　春の夜の月～／桜桃《さくらんぼ》／さよなら橋／献灯会／向日葵の影／鉢植えの子供／悲しい螺旋／愛の音／大晦日《おおつごもり》／サクラサク／桜人～終章　しづ心なく～

『SADA MASASHI LIVE BEST』

まんまる／敗戦投手／恋愛症候群―その発病及び傾向と対策に関する一考察―／前夜（桃花鳥）／長崎小夜曲／掌／夢／極光／小

さな手

『Mist』

51／赤い月／眉山／白雨／窓／都忘れ／桜桜咲くラプソディ／賢者の贈り物／霧―ミスト―／かささぎ

『美しい朝』

霧に消えた初恋～ Radio Days ～／抱きしめて／一期一会／勧酒～さけをすすむ～／がんばらんば Mottto／私は犬になりたい¥490―アルバム・ヴァージョン―／明日咲く花／ママの一番長い日～美しい朝～／ LIFE／いのちの理由

『予感』

片恋／その橋を渡る時／何もなかった／つくだ煮の小魚／思い出暮らし／冬薔薇《ふゆそうび》／私は犬に叱られた／茨にもきっと花咲く／静夜思／予感

『もう来る頃…』

もう来る頃…／空になる／糸遊／かすてぃら／題名のない愛の唄／ TOKYO HARBOR LIGHTS／一万年の旅路／白秋歌／あなたへ／ SMILE AGAIN

『天晴～オールタイム・ベスト～』

Birthday／向い風／フレディもしくは三教街－ロシア租界にて－／たいせつなひと／償い

『第二楽章』

夢の轍／さくらほろほろ／茨の木／残春／十三夜／家路／豆腐が街にやって来る／死んだらあかん／君は歌うことが出来る／遠い夏～憧憬～

『風の軌跡』

ふるさとの風／みらいへ／ラストレター／青空背負って／梁山泊／問題作～意見には個人差があります～／逍遙歌～そぞろ歩けば～／風の宮／夢見る人

これらの語彙を調査し、X（旧 Twitter）などの現代用いられている日本語と比較したところ、現代使われている日本語との違いを痛感し、この「美しい」日本語を後世に伝えなければならないという使命感を抱いた。

さだまさしの詩に見る「やまとことば」

「序」で述べたようにさだまさしの歌詩の中には文語調の語句が多々出てくる。この論文では便宜的にそれを「やまとことば」と述べることとする。

また、何を以て文語調の語句と定義づけているかというと、活用語の場合、活用が現代と違うと断定できたもののみである。したがって、例えば「朧気に」という形容動詞は古語辞典に載っている単語ではあるものの、活用が現代の活用かナリ活用か定かではないため、現代の形容動詞として扱っている。名詞の場合は、古語辞典に載っているか否かで判断をした。

また、読み方は同じだが表記方法が異なる場合は別語として判断し、表記方法が同じだが読み方が異なる場合も別語として判断した。

【表6－2】に、文語調の単語を品詞ごとに分けて記していく。

6-2 さだまさし歌詩内の文語調の単語

1）動詞

さだまさしの用いている文語調の動詞は以下のように分類できる。

①「逢ひみる」や「うらぶる」「禊《みそ》ぐ」のように、現代の日本語では用いられることのほとんどない動詞。
②「抱《いだ》く」や「慈しむ」「羨む」「聞こし召す」「奉る」「たまう」といった文語調でありながら、現代も用いられている動詞。
③「誘《いざな》ふ」や「まとふ」「まどふ」といった現代も使われている言葉の送り仮名を歴史的仮名遣いに直して使用している動詞。
④「想ふ」「恋ふ」「染む」「侘ぶ」「消ゆ」「零る」「越ゆ」「眺む」「果つ」「曲ぐ」「死ぬ」「任す」のように現代日本語とは活用の異なる動詞。

④はさらに細かく、以下のように分類できる。

Ⅰ「想ふ」のように現代日本語では五段活用の動詞を四段活用として用いているもの。

Ⅱ「恋ふ」「染む」「侘ぶ」のように現代日本語では上一段活用の動詞を上二段活用として用いているもの。

Ⅲ「消ゆ」「零る」「越ゆ」「眺む」「果つ」「曲ぐ」のように現代日本語では下一段活用の動詞を下二段活用として用いているもの。

Ⅳ 今は五段活用の「死ぬ」をナ行変格活用として用いているもの。

V「任す」のように現代日本語、古語の日本語ともにサ行変格活用動詞であるが、活用の異なるものとして用いているもの。

2）形容詞・形容動詞

さだまさしは他の品詞に比べて、文語調の形容詞・形容動詞を用いていないため、ひとつの項でまとめることとし、以下のように分類した。

①「幽《かそ》けし」や「遙けし」「ゆくりなし」といった現代あまり使われていない文語調の形容詞。

②「温かし」や「淡し」「愛おし」「愛《いと》し」「美《うるわ》し」「麗し」「恋し」「尊《とうと》し」「高し」「名残惜し」「寄る辺無し」「よろし」といった活用が現代と異なる文語調の形容詞。②はさらに細かく以下のように分類できる。

I「温かし」「淡し」「尊し」「高し」「寄る辺無し」といったク活用の形容詞。

II「愛おし」「愛し」「美し」「麗し」「恋し」「名残惜し」「よろし」といったシク活用の形容詞。

③「哀れなり」「清ら」「やはらか」といった文語調の形容動詞。

3）名詞

今回の研究の中で、最も割合の多い品詞、名詞の内の文語調のものを以下のように分類した。

①「あき風」「曙《あけぼの》」「有明」「淡雪」「稲妻」「薄氷《うすらい》」「うたかた」「陽炎」「糸遊《かげろう》」「蜉蝣」「鵲《かささぎ》の橋」「風花《かざばな》」「枯野」「梔子《くちなし》」「雲路《くもじ》」

「雲間《くもま》」「東風《こち》」「小春日和」「嵯峨竹《さがたけ》」「五月闇《さつきやみ》」「五月雨」「潮《しお》騒《さい》」「上弦の月」「尾花《すすき》」「せせらぎ」「旅の空」「月影《つきかげ》」「波間《なみま》」「野辺《のべ》」「野分《のわき》」「山際《やまぎわ》」「夕《ゆう》べ」「夕《ゆう》まぐれ」「夕間暮《ゆうまぐ》れ」「夕闇」「宵」といった自然現象を表す名詞。

②「朝《あした》」「古《いにしえ》」「いにしえ」「大晦日《おおつごもり》」「如月《きさらぎ》」「後朝《きぬぎぬ》」「去年《こぞ》」「今宵」「暦《こよみ》」「師走《しわす》」「せんど」「たそがれ時」「とこしへ」「永遠《とこしえ》」「永遠《とわ》」「晦日《みそか》」「水無月《みなづき》」「望月《もちづき》」といった時間を表す名詞。

③「辺り」「あやまち」「生きとし生けるもの」「戦」「戦さ」「石畳」「甍《いらか》」「薄衣《うすぎぬ》」「埋み火」「宴」「現世《うつせみ》」「自《おの》ずから」「甲斐」「篝火」「鐘《かね》の音《おと》」「器量」「故郷《こきょう》」「懸想文《けそうぶみ》」「格子」「古都《こと》」「言《こと》の葉《は》」「此の世」「最后《さいご》」「寂黙《しじま》」「しづ心《ごころ》」「したり顔」「褥《しとね》」「霜」「所詮」「煤払い」「術《すべ》」「刹那」「誹《そし》り」「空（で覚えた）」「松明《たいまつ》」「便り」「月並み」「露草模様」「名残《なごり》」「寝ぐら」「野晒し」「野辺《のべ》の送り」「狭間《はざま》」「間《はざま》」「涯《は》て」「独《ひと》り寝《ね》」「白衣《びゃくえ》」「風情」「舟人《ふなびと》」「古里《ふるさと》」「古宮《ふるみや》」「ほとり」「間《ま》」「神籤《みくじ》」「陵墓《みささぎ》」「身じろぎ」「山びと」「弥生」「夕餉《ゆうげ》」「よりどころ」といったその他の文語調の名詞。

4）助動詞

ここでは、文語調の助動詞のみに絞る。また、同じ助動詞でも用いている意味が違えばそれぞれ別の助動詞として挙げている。そのため助動詞を挙げた後に括弧内にて意味を添えてある。

「如し（比況）」「き（過去）」「ず（打消）」「つ（並列）」「なり（断定）」「ぬ（完了）」「まし（推量）」「り（完了）」「む（意志）」

「む（推量）」とこのように、現代の日本語では、あまり用いられない助動詞をしばしば用いている。

5）助詞

文語調の助詞で、さだまさしが用いているものは以下のようなものである。

「こそ（係助詞）」「つつ（接続助詞）」「て（接続助詞）」「で（接続助詞）」「ど（接続助詞）」「ども（接続助詞）」「ば（係助詞）」「ば（接続助詞）」「も（係助詞）」「や（間投助詞）」「や（疑問／終助詞）」「や（反語／係助詞）」「を（格助詞）」

この中でも、特にここで記すべきものは、「こそ（係助詞）」と「や（反語／係助詞）」についてである。

これらの助詞周辺の歌詩を調べてみると、**「夢の夢の夢こそ　哀れなれ」（「鳥辺山心中」）**や**「何ぞ悲しむ事やある」（「銀杏散りやまず」）**のように、「こそ」を用いた已然形の係り結びや、「や」を用いた連体形の係り結びを行っていることが分かる。

6）文語調の語句が登場する楽曲に共通するテーマ

文語調の語句が用いられている楽曲をリストアップした結果、文語調の語句が楽曲中に1回しか登場しない楽曲と、複数回登場する楽曲に分けられた。このうち文語調の語句が複数回登場する楽曲の共通するテーマを、以下に述べることとする。また、文語調の語句が複数回登場する楽曲とした理由は、文語調の語句が楽曲中に1回しか登場しない楽曲の文語調の語句は、「誤差」とも考えられるのに対して、文語調の語句が複数回登場するということは、その楽曲の世界観を表現するのに文語調を用いている可能性があると考えたためである。

①古典を題材とした楽曲

「玻璃草子」は古今集、**「桃花源」**は陶淵明の桃花源記、**「飛梅《とびうめ》」**と**「都府楼」**はそれぞれ大鏡、**「静夜思」**は李白の静夜思、といったように日本と中国の古典作品が題材となった作品は、それぞれの世界観を引き継ぐために、古語が多く用いられているものと思われる。

②京都・奈良を歌った楽曲

「鳥辺野」「鳥辺山心中」「紫野」「春告鳥」は京都、**「まほろば」**は奈良を歌った曲である。これらの楽曲は、京都、奈良の伝統的な風景を表現するために古語を用いているものと思われる。

③ご当地ソング

長野県辰野町の蛍祭りを歌った**「風の篝火」**、島根県邑南町《おおなんちょう》を舞台に描いた**「さくらほろほろ」**、香川県丸亀市を描いた**「城のある町」**、長野県下伊那郡上村（現・飯田市上村）を歌った**「天空の村に月が降る」**これらの伝統的な風景を表現するために古語を用いているものと思われる。

④原風景を歌った楽曲

「寒北斗」「十六夜」は共に、日本の原風景を歌った楽曲である。これらは、②③と同様に、日本の原風景を表現するために、古語を用いているものと思われる。

⑤仏教等、宗教関連の楽曲

生生流転について歌った**「青の季節」**、亡くなった伯父への鎮魂歌である**「銀杏散りやまず」**、伊勢神宮の「風日祈宮《かざひのみのみや》」を歌った**「風の宮」**、東大寺の法会の一つである修二会を歌った**「修二会」**、沖縄地方で海の彼方にあると信じられているニライカナイを歌った**「理想郷《ニライカナイ》」**、これらの仏教等宗教関連の楽曲は長きにわたる信仰に相応しいように、古語を用いているものと思われる。

⑥願い・祈り・願望に関する楽曲

「小夜曲《セレネード》」「道化師のソネット」「とこしへ」「ぬけみち」「名刺」「ふるさとの風」「夢見る人」これらの願い・祈り・願望に関する楽曲、**「しあわせについて」「戦友会」「夢の轍」**と平和を歌った3曲は、「祈り」という⑤と同じように綿々と続く信仰を表現するに相応しいように、古語を用いているものと思われる。

⑦別離を歌った楽曲

「さよなら橋」「風炎」という2曲はそれぞれ、人との別れを歌った楽曲である。これらは一期一会という言葉に代表されるように、古くから変わらぬものである。それを表現するために、古語を用いているものと思われる。

以上のように、さだまさしの用いている古語は、綿々と続く伝統的な題材や、それ以外にも日常生活や人間の普遍的な心情を表現するために用いられているものと思われる。

さだまさしの詩に見る日本語の多様な表現

ここまではさだまさしの用いる「やまとことば」について述べてきたが、ここからはさだまさしの用いている日本語の様々な表現について述べていく。

■ さだまさしの詩に見る「和歌的」表現

さだまさしは、その歌詩中に和歌の修辞法や和歌の伝統に根ざした表現をしばしば用いている。本節ではそれについて述べていく。

1）枕詞

枕詞とは、ある特定の語を導きだすために用いられる固定化されたことばである。さだまさしは、「青丹よし」「茜さす」「足曳《あしび》きの」「現世《うつせみ》の」「ぬばたまの」「水篶《みすず》刈

る」を詩中で用いている。

枕詞の導きだす語、そして実際にさだまさしの詩での用いられ方を以下に記すこととする。

①「青丹よし」について

「青丹よし」は「奈良」などを導く枕詞である。そして、**「まほろば」**の詩中では「青丹よし平城山《ならやま》の空に満月」と言うように「青丹よし」が「平城山」を導きだす形で用いられている。

②「茜さす」について

「茜さす」は「紫／日／昼／照る」などを導く枕詞である。そして、**「紫野」**の詩中では「**迷いつつ刻みつつ　茜さす紫野**」と「茜さす」が「紫野」を導きだす形で用いられている。

③**「足曳きの」について**

「足曳きの」は「山／峰」などを導く枕詞である。そして、**「玻璃草子」**の詩中では**「足曳きの長き山道を　君ひとりいかにか越ゆらむ」**と言ったように「山道」を導きだす形で用いられている。

④**「現世の」について**

「現世の」は「うつせみの」と読み、枕詞である「空蝉の」と同格にしたうえで、「空蝉の」が導きだす「世／命／人／身」などから**「玻璃草子」**の詩中では**「現世の人は生まれ来て　果つるまでただひとり」**と言ったように「人」を導きだす形で用いられている。

⑤**「ぬばたまの」について**

「ぬばたまの」は「黒／夜／髪／夕」などを導きだす枕詞である。そして、**「玻璃草子」**の詩中では**「ぬばたまの君が黒髪の　褥に貸せるこの腕の」**と「黒」を導きだす形で用いられている。

⑥「水篶刈る」について

「水篶刈る」は「信濃」を導く枕詞である。そして、さだまさし**「秋麗」**の詩中では「水篶刈る信濃　月は田毎に」といったように「信濃」を導きだす形で用いられている。

2）掛詞

掛詞とは、ひとつの語で、ふたつの意味を表す言葉をいう。この項では曲名を紹介した後に、使用されている掛詞を、使用されている楽曲と共に記していく。

①「異邦人」について

昔の恋人の死を聞いて駆けつけると、すでに「私」の居場所は無く、異邦人になっていたという楽曲である**「異邦人」**の詩中には、「私一人が　ホラ　異邦人（エトランゼ）　何もかも或の日のまま」というように、タイトルを「異邦人」としているにもかかわらず「異邦人」を「エトランゼ」と読ませるため、「エトランゼ」と「得とらんぜ（「得ておらぬぜ」が音便化した形）」との掛詞と思われる。

②「昨日・京・奈良、飛鳥・明後日。」について

修学旅行の思い出を、コミカルに表現した**「昨日・京・奈良、飛鳥・明後日。」**の歌詩の中には様々な駄洒落が用いられている。駄洒落も掛詞の一部と私は判断したため、ここで述べたいと思う。

「女は一人じゃ便所へゆけぬ　ブラシ持っては金閣寺」という歌詩では、「便所」という単語から「金閣寺」が「金隠し」との掛詞であると判断できる。また**「八瀬の大喰い食べ続けては　京都大腹三千人」**という歌詩がある。この歌詩は「痩せの大食い（痩せているが大食い）」という事と、「京都大腹三千人（＝京都大原三千院との駄洒落）」という地名を用いて近隣の「八瀬」との掛詞にしている。

③「主人公」について

「『昔通り』を歩く」という詩中表現は、「昔、通った道」という意味と「昔と同じように」といった意味の「昔通り」を掛けて表現している。

④「十六夜」について

「初恋を偲びながら　いざ酔い　酒を注げ」という歌詩を用いて、「十六夜」と「いざ酔い」の掛詞としている。また、この歌詩は、「今宵は十六夜（じゅうろくや）初恋を偲びながら　いざ酔い　酒を注げ」と、「いざ酔い」と「十六夜（いざよい）」という歌詩が立て続けにならないよう「十六夜」という語句の読みを「じゅうろくや」として用いているものと思われる。

⑤「多情仏心」について

「多情仏心」という曲に「誰がとばしたか　シャボン玉　あき風に追われて　あなたとの愛みたいに　すぐはじけて消えた」という歌詩がある。この中の「あき風」とは、「秋」と「厭《あ》き」を掛けた言葉である。

⑥「建具屋カトーの決心―儂がジジイになった頃―」について

「建具屋カトーの決心―儂がジジイになった頃―」で「自分の大ヒット曲を歌う」と

歌った後に、松山千春の楽曲 **「長い夜」** の冒頭部、「恋に」と同じ旋律で **『故意に』間違えたりして** と歌っている。これも「恋」と「故意」との掛詞になるだろう。

また、**「青春はこれからですよと　はげまし　ついでに自分の頭もはげましてたりして」** と歌う歌詞があるがこれは、「励ます」と「ハゲ増す」の掛詞と思われる。

⑦「都府楼」について

太宰府天満宮を歌った **「都府楼」** では太宰府天満宮の南側を流れる「藍染川《あいぞめがわ》」と「逢い初め」という言葉を掛けて **「逢《あい》初《そ》め川《がわ》」** という語句を使用している。

⑧「まほろば」について

「馬酔木」を **「馬酔木《あせび》の森の馬酔木《まよいぎ》に」** と詩中に繰り返し登場させ、読み方を変えた上で、「迷い木」との掛詞としている。

⑨「無縁坂」について

不忍池近くにある「無縁坂」を題材とした楽曲 **「無縁坂」** で、さだまさしは「忍ばない」という意味と、「不忍池」をかけて、「忍ぶ　不忍《しのばず》無縁坂」と作詩している。

⑩「邪馬臺」について

さだまさしが、『まぼろしの邪馬台国』の作者、宮崎康平が死去した際に制作した鎮魂歌が**「邪馬臺」**である。

さだまさしは「宮崎康平は、博多湾と有明海が水路でつながっていたという説を立てた」という事と**「眠れないまま息を密めて」**という歌詩を掛けて、「有明海」という意味と「明け方」という意味、さらに、宮崎康平が死去した3月16日から、「有明の月」という意味の「有明」も導きだし掛詞としている。

また、宮崎康平の命日の3月16日から三月の旧名「弥生」と、邪馬台国が存在したとされる「弥生時代」とを掛けて**「弥生の風」**という文言も用いている。

3）本歌取り（・引き歌）

①「銀杏散りやまず」について

西行の和歌に「願はくは花の下にて春死なむ　その如月の望月のころ」というもの

がある。これを踏まえて、さだまさしは「春末だ浅き如月の　望月の頃君逝けり」と作詩し、本歌取りとしている。

②「風の宮」について

西行の詠んだ和歌をさだまさしは歌詩中に3首引用し、本歌取り（引き歌）としている。その3首は以下の通りである。また、ライナーノートに出典が掲載されていたため、出典も併記する。

「あくがるる　こころはさても　やま桜　ちりなむのちや　みにかへるべき」（続後拾遺和歌集より）

「なにごとも　かはりのみゆく　よのなかに　おなじかげにて　すめる月かな」（続後拾遺和歌集より）

「なにごとの　おはしますをば　しらねども　かたじけなさに　涙こぼるる」（西行法師家集より）

また、「なにごとの　おはしますをば　しらねども　かたじけなさに　涙こぼるる」という和歌は、伊勢神宮を歌ったものであり、伊勢神宮について歌った「風の

宮」という楽曲に即したものである。

③「玻璃草子」について

万葉集に「二人行けど　行き過ぎかたき　秋山を　いかにか君が　ひとり越ゆらむ」という和歌がある。この和歌を踏まえて、さだまさしは**「玻璃草子」**で**「足曳きの長き山道を　君ひとりいかにか越ゆらむ」**と作詩し、本歌取りとしている。

④「防人《さきもり》の詩《うた》」について

万葉集に「いさなとり海や死にする山や死にする死ぬれこそ海は潮干て山は枯れすれ」という和歌があり、意味は「海は死ぬだろうか、山は死ぬだろうか。死ぬからこそ、海は潮が涸れて、山は枯れるのだ」という意味である。この和歌を踏まえてさだまさしは**「防人の詩」**で**「海は死にますか　山は死にますか」**と作詩し、本歌取りとしている。

⑤「桜人」について

「桜人～序章　春の夜の月～」と**「桜人～終章　しづ心なく～」**で一対をなす**「桜人」**は**「桜人～序章　春の夜の月～」**で4首[*3]、**「桜人～終章　しづ心なく～」**で2首[*4]、それぞれ桜を題材にした和歌に音をつけたものであり、まさに本歌取り（・引き歌）と言えるものである。和歌と、出典、読み人は注に記した通りであり、さだまさしのライナーノートによった。

⑥「しあわせについて」について

戦争の悲劇を描いた映画『ひめゆりの塔』。その主題歌である**「しあわせについて」**には、**「どうぞあやまちは　二度とくり返さず」**という歌詞がある。これは、広島の「原爆死没者慰霊碑」に刻まれている「安らかに眠って下さい　過ちは　繰返しませぬから」という言葉を踏まえて、この歌を平和への祈りを込めた歌にしているものと思われる。

⑦「修二会」について

松尾芭蕉が『野ざらし紀行』において、修二会を詠んだ際に、「水とりや　氷の僧の　沓の音」と詠んだ。この「氷の僧」が「籠りの僧」と書かれている石碑が東大寺に立っている。それを踏まえ、さだまさしは詩中に**「こもりの僧の沓の音」**と言う表現を用いて本歌取りとしている。

また、さだまさしは『まほろばの国で』（幻冬舎文庫）というエッセイの中で、「水取りやこもりの僧の沓の音　芭蕉」と記しているため、この本歌については認知しているものと思われる。

⑧「建具屋カトーの決心　儂がジジイになった頃」について

この歌には、

年にも負けず　病気にも負けず　金で負けても　ロマンは売らない　いつも心に歌

＊3　「**桜人～序章　春の夜の月～**」における4首
「空はなほ 霞もやらず風冴えて 雪げに曇る 春の夜の月」新古今和歌集23（九条良経）
「風通ふ 寝覚めの袖の花の香に 香る枕の 春の夜の夢」新古今和歌集112（藤原俊成女）
「桜花 今ぞ盛りと人は言へど　われはさぶしも きみとしあらねば」万葉集　巻18、4074（大伴宿禰池主）
「桜花 ぬしを忘れぬものならば　吹き込む風に　言伝てはせよ」後撰集57（菅原道真）

＊4　「**桜人～終章　しづ心なく～**」における2首
「久方の光のどけき春の日に　しづ心なく花の散るらむ」古今和歌集84（紀友則）
「願はくは花の下にて春死なむ　その如月の望月のころ」新古今和歌集1845（西行）

を忘れず　若い友達に夢を語ろう　東に危険な子供あれば　あぶねーことやめろと張り倒し　西に生意気な娘があれば　行って　優しく屁をかましてあげよう　北に淋しき未亡人あれば　行って共に梅こぶ茶をすすりつつ　青春はこれからですよと　はげまし　ついでに自分の頭もはげましてたりして　南に迷う女学生あれば　あなたの人生の中で　あなたが主人公だよと　優しく唄ってあげよう　人に　くそじじいと呼ばれ　早くくたばれと　ののしられ　ほめられもせず　嫌われても　けして心の愛は捨てない　そういうじじいに　私はなりたい　この愛しい町で

という歌詞が登場するが、これは宮沢賢治の「雨ニモマケズ」を題材とした本歌取りであると思われる。

また、同じ部分に「あなたの人生の中で　あなたが主人公だよと　優しく唄ってあげよう」とあるが、これは自身の歌**「主人公」**の「小さな物語でも　自分の人生の中では　誰もがみな主人公」という歌詞を踏まえているものと思われる。

⑨「天空の村に月が降る」について

李白の漢詩「静夜思」に「牀前看月光　疑是地上霜　挙頭望山月　低頭思故郷」というものがある。書き下し文は「牀前月光を看る　疑《うたが》うらくは是れ地上の霜かと　頭《こうべ》を挙《あ》げて山月を望み　頭を低《た》れて故郷を思う」というものであり、意味は「寝台の前にさしこんだ月光を、じっと見る。もしかしたら、地上におりた霜なのかと。顔をあげて山の端の月を望み、顔をふせて遠い故郷を思うのだ」というものである。

これを踏まえてさだまさしは**「あたかも雪が降るように　月夜の里は銀世界」**と作詩し、本歌取りとしている。

また、さだまさしは、自らも**「静夜思」**という楽曲を作っており、ライナーノートでも「僕の好きな李白は『静夜思』にこう歌う」と述べた後に「静夜思」の紹介をしているため、「静夜思」については当然、認知しているものと思われる。

⑩「飛梅」について

『大鏡』の「道真の左遷と時平の大和魂」という話に「東風《こち》吹かば　にほひおこせよ　梅の花　主なしとて　春を忘るな」という菅原道真が詠んだとされる和歌が登場する。これを踏まえてさだまさしは**「飛梅」**の中で**「東風吹けば　東風《こち》吹かば君は　何**

処かで想いおこしてくれるだろうか」という歌詞を作詩し、本歌取りとしている。

⑪「都府楼」について

『大鏡』の「道真の左遷と時平の大和魂」という話に「都府楼纔看瓦色　観音寺只聴鐘声」という菅原道真が詠んだとされる漢詩が登場する。書き下し文にすると、「都府楼は纔《わず》かに瓦の色を看《み》る　観音寺は只《た》だ鐘の声を聴く」であり、意味は「大宰府の高殿は、わずかに屋根の瓦の色を眺めるばかりであり、観音寺はただその鐘の音を聴いているばかりである」というものである（新明解古典シリーズ8　大鏡・方丈記P81より）。

これを踏まえてさだまさしは**「都府楼」**の中で、**「太宰府の色は観世音寺の　白萩と尾花　鐘の音」**という歌詩と、**「都府楼の甍を　闇に浮かべた」**という歌詩を作詩し、本歌取りとしている。

また、さだまさしはライナーノートにて「道真公が詩の中で『太宰府政庁』を漢風にそう歌ったことからそう呼ばれるようになったのが『都府楼』」と述べているため、この漢詩については認知しているものと思われる。

⑫「鳥辺山心中」について

近松門左衛門の『曾根崎心中』に「一足づつに消えてゆく　夢の夢こそあはれなれ」という文言があり、それを踏まえてさだまさしは**「鳥辺山心中」**の詩中にて「夢の夢の夢こそ　哀れなれ」と作詩した後に、「一足ずつに　消えてゆく　夢の夢こそ哀れなれ」と作詩し、本歌取り（・引き歌）としている。

また、さだまさしはライナーノートにて「**『一足ずつに消えてゆく　夢の夢こそ哀れなれ』**は、ご存知、近松の『曾根崎心中』である」と述べており、この文言を認知しているものである。

⑬「まほろば」について

「川の流れは　よどむことなく　うたかたの時　押し流してゆく」という歌詩は『方丈記』の冒頭部である「行く河の流れは絶えずして、しかも、もとの水にあらず。よどみに浮かぶうたかたは、かつ消え、かつ結びて、久しくとどまりたるためしなし」を題材に、「二人を支える蜘蛛の糸　ゆらゆらと耐えかねて　たわむ白糸　君を捨て

るか　僕が消えるか　いっそ二人で落ちようか」は芥川龍之介の『蜘蛛の糸』を題材にしているものと思われる。

⑭「紫野」について

中務卿兼明親王の和歌に「七重八重　花は咲けども　山吹の　みの一つだに　なきぞあやしき」というものがあり、さだまさしはそれを踏まえて「七重八重　山吹は実をつけず　枝垂れ咲く」と作詩し、本歌取りとしている。

4）七五調

和歌には、五七五七七という形の「短歌」、五七を二度以上くり返し最後を五七七で閉じる「長歌」、五七七五七七の歌体を持つ「旋頭歌《せどうか》」、五七七の「片歌《かたうた》」、五七五七七七の歌体を持つ「仏足石歌体《ぶっそくせきかたい》」と様々な種類があるが、その全てに共通することは、五音と七音で成立しているものだということである。つまり五と七のリズムは日本古来の歌のリズムだと言うことができるだろう。

そして、さだまさしは五と七のリズムを多く用いている。

今回調査した楽曲の中で、五と七のリズムで構成されている主な楽曲は以下の通りである。

「愛の音」「赤い月」「銀杏散りやまず」「いのちの理由」「男は大きな河になれ～モルダウより～」「案山子」「風の宮」「玻璃草子」「勧酒～さけをすすむ～」「関白失脚」「関白宣言」「献灯会」「さくらほろほろ」「さよなら橋」「住所録」「静夜思」「天空の村に月が降る」「桃花源」「ぬけみち」「春告鳥」「向日葵の影」「冬物語」「まほろば」「向い風」

この七五調の楽曲の共通点は以下の通りである。

①古典を題材とした楽曲

古今集を題材とした**「玻璃草子」**、于《う》武陵《ぶりょう》の漢詩「勧酒」を題材とした**「勧酒～さけをすすむ～」**、李白の漢詩「静夜思」を題材とした**「静夜思」**、陶淵明の作品「桃花源記」が題材となった**「桃花源」**、これらの楽曲は、古典的な雰囲気を醸し出すため七五調で作詩しているものと思われる。

②京都・奈良を歌った楽曲

京都を歌った**「春告鳥」**、奈良を歌った**「まほろば」**は、それぞれの土地の長い歴史に即した作品に仕上げるために七五調で作詩しているものと思われる。

③ご当地ソング

島根県邑南町を歌った**「さくらほろほろ」**、長野県下伊那郡上村（現・飯田市上村）を歌った**「天空の村に月が降る」**、これらも、②と同じようにそれぞれの土地の長い歴史に即した作品に仕上げるために七五調で作詩しているものと思われる。

④願い・祈り・願望に関する楽曲

「いのちの理由」「男は大きな河になれ～モルダウより～」「案山子」「風の宮」「関白失脚」「関白宣言」「献灯会」「ぬけみち」、これらは「祈り」という綿々と続く信仰を表現するに相応しいように七五調で作詩しているものと思われる。

⑤別離を歌った楽曲

「愛の音」「赤い月」「銀杏散りやまず」「さよなら橋」「住所録」「向日葵の影」「冬物語」、人との別れを歌ったこれらの楽曲は、人間の心情という古来より変わらないものを表現するために、七五調で作詩をしているものと思われる。

以上のように、「文語調の語句が登場する楽曲の共通するテーマ」と同じように分類をすることができた。

5）連体止め

連体止めとは、本来文を終止する終止形ではなく連体形で文を終止するものであり、詠嘆の気持ちや余情を含んで終止するものである。

この連体止めは、**「天空の村に月が降る」**という楽曲の詩中に、「祭間近の篝火に神楽舞う人　美しき」といった形で登場する。

6）「和歌的」表現を用いた楽曲の共通点

1）～5）までで取り上げた楽曲は次ページの【表6－3】の通りである。

これらは、何度も述べているように、さだまさしは、綿々と続く伝統的な題材や、それ以外にも日常生活や人間の普遍的な心情を表現するために和歌的な表現を用いているものと思われる。特に、本歌取りや引き歌、すなわち古典から歌詩を引用することについて、さだまさしは『もう愛の唄なんて詠えない』（幻冬舎文庫）というエッセイの中で「古語は日本語だ。意味が解れば『心』も分かる。」と述べており、古来の歌人や詩人などが詠んだ心が変わらずに受け継がれているということを表現しているものと思われる。

■さだまさしの詩に見る「現代的」表現

1）押韻

6-3　1）～5）で取り上げた楽曲

愛の音／赤い月／秋麗／銀杏散りやまず／いのちの理由／異邦人／男は大きな河になれ～モルダウより～／案山子／風の宮／玻璃草子／勧酒～さけをすすむ～／関白失脚／関白宣言／昨日・京・奈良、飛鳥・明後日。／献灯会／防人の詩／桜人～終章　しづ心なく～／桜人～序章　春の夜の月～／さくらほろほろ／さよなら橋／しあわせについて／住所録／十六夜／主人公／修二会／静夜思／多情仏心／建具屋カトーの決心　儂がジジイになった頃／天空の村に月が降る／桃花源／都府楼／鳥辺山心中／ぬけみち／春告鳥／向日葵の影／冬物語／まほろば／無縁坂／向い風／紫野／邪馬臺今回調査した楽曲の中で、さだまさしが主に押韻をしていたのは、わずかに「**異邦人**」で「**懐しい手摺をたどり　夢をたぐり　今日はひとり　確かめるのは　本当のおわり**」と踏んだものと、「**桜桜咲くラプソディ**」で2箇所、「**辛いときは多分　沈み込む気分　今日は今日の明日は明日の風が吹く時分**」「**人は誰も多分　間違うよ自分失敗して傷ついて反省して十分**」と踏んだもののみであった。

これらに共通することは、フランスを題材にした「**異邦人**」、西洋の音楽の形式であるラプソディを名に冠する「**桜桜咲くラプソディ**」と、どちらも西洋風な楽曲であり、西洋の楽曲で慣習となっている「韻を踏む」ということと無関係ではないと考えられる。

2）作詩の方法

作詩の方法には大きく分けて、３つの要素がある。それは用語、形式、内容である。これらは更に以下のように分類できる。

①用語について

Ⅰ　文語詩

Ⅱ　口語詩

②形式について

Ⅰ　一定の形式音・数律などをそなえた伝統的な詩である「定型詩」

Ⅱ　伝統的な韻律・形式などにとらわれず、自由な発想と形式で作る詩である「自由詩」

Ⅲ　上記のようなものではなく、文章がそのまま詩になった「散文詩」

③内容について

Ⅰ　作者の感情や感動を主観的・情緒的に述べ表した詩である「抒情詩」

Ⅱ　目に映った景色を詩文に書き表す「叙景詩」

Ⅲ　神話・伝説・歴史的事件・英雄の事跡などを述べ語る「叙事詩」

これらの3要素のうち、「形式」と「内容」の2点に基づいて、今回検討したさだまさしの楽曲を分類していく。また、文語、口語を問わない理由としては、さだまさしは文語的表現を多々用いているものの、詩全体を通して文語調の楽曲は少ない為である。

さだまさしの楽曲を作詩方法によって分類した結果、以下のようなことが分かった（【表6－4】）。

抒情詩の数は212曲で、叙景詩の数は117曲であるが（約64・4％：約35・6％の割合）、2000年以前の楽曲と、2000年以降の楽曲に分類すると、以下のようになる。

2000年以前の楽曲では抒情詩の数は128曲で、叙景詩の数は93曲である（約57・9％：約42・1％の割合）。

2000年以降の楽曲では抒情詩の数は84曲で、叙景詩の数は24曲である（約77・8％：約22・2％の割合）。

この割合が示すものは、2000年以前は「聞き手に心情を想像させる」作風だったのに対し、2000年以降は「聞き手に心情を説明する」作風へと変化してきたということである。

6-4 「形式」と「内容」によるさだ楽曲の分類

i「定型－抒情」型

2000 年以前の楽曲

男は大きな河になれ～モルダウより～／玻璃草子／関白宣言／関白失脚／住所録

2000 年以降の楽曲

愛の音／いのちの理由／勧酒～さけをすすむ～／献灯会／さくらほろほろ／ぬけみち／冬物語

ii「定型－叙景」型

2000 年以前の楽曲

桃花源／案山子《かかし》／まほろば／春告鳥／向い風／銀杏散りやまず

2000 年以降の楽曲

赤い月／桜人～終章 しづ心なく～／桜人～序章 春の夜の月～／さよなら橋／静夜思／天空の村に月が降る／向日葵の影

iii「定型－叙事」型

該当楽曲無し

iv「自由－抒情」型

2000 年以前の楽曲

明日檜／あなたを愛したいくつかの理由／雨の夜と淋しい午後は／イーハトーヴ／ APRIL FOOL ／ ETERNALLY ／おもひで泥

棒／ONLY ～薔薇園～／回転木馬／風の篝火／哀しみの白い影／神の恵み～ A Day of Providence ～／カリビアン・ブルー／寒北斗／奇跡～大きな愛のように～／君が選んだひと／クリスマス・ローズ／警戒水位／検察側の証人／好敵手／こころとからだ／心の時代／少年達《こどもたち》の樹《き》／防人《さきもり》の詩《うた》／桜散る／さよなら にっぽん／残照／残像／しあわせについて／シ バス パラ チリ～もしチリへ行くなら～／驟雨／十七歳の町／主人公／修羅の如く／春雷／冗句／天狼星《シリウス》に／心斎橋／神話／ステラ，僕までの地図／SNOWMAN／SMILE AGAIN／せっせっせ／小夜曲《セレネード》／セロ弾きのゴーシュ／Song for a friend／歳時記《ダイアリィ》／立ち止まった素描画《デッサン》／地平線／デイジー／掌《てのひら》／天までとどけ／東京／道化師のソネット／唐八景一序／時計／なつかしい海／名もない花／虹の木／虹～ヒーロー～／猫に鈴／夜想曲《ノクターン》／破／Birthday／pineapple hill／白鯨／博物館／HAPPY BIRTHDAY／バニヤン樹に白い月～ LAHAINA SUNSET ～／春／ひき潮／ビクトリア・ピーク／秘密／Forget-me-not／ふきのとうのうた／不器用な花／普通の人々／遍路／マグリットの石／道の途中で（ON THE WAY）／六日のあやめ／もう愛の歌なんて唄えない／病んだ星／病んだ星（インターミッション）／夢と呼んではいけない～星屑倶楽部／夢／夢ばかりみていた／予約席／理・不・尽／凛憧一りんどう一／烈／6ヶ月の遅刻～マリナ・デル・レイ～

2000 年以降の楽曲

愛／愛～エピローグ～／青空背負って／秋麗／明日咲く花／あなたへ／家路／一万年の旅路／茨にもきっと花咲く／茨の木／大晦日《おおつごもり》／風の宮／片恋／悲しい螺旋／がんばらんば Mottto／記憶／君は歌うことが出来る／決心～ヴェガへ～／恋文／The Day

After Tomorrow ～明後日まで～／最期の夢／サクラサク／桜桜咲くラプソディ／桜桃《さくらんぼ》／残春／飛沫／十三夜／逍遙歌～そぞろ歩けば～／女優／ SMILE AGAIN ／その橋を渡る時／題名のない愛の唄／黄昏坂／小さな手／ちいさなおばあさん／ちからをください／手紙／掌／ TOKYO HARBOR LIGHTS ／遠い夏～憧憬～／とこしへ／長崎の空／何もなかった／白秋歌／鉢植えの子供／春爛漫／風炎《フェーン》／ふたつならんだ星～アルビレオ～／ふるさとの風／みらいへ／夢／夢の轍／夢見る人／予感／ LIFE ／ラストレター／梁山泊／私は犬になりたい ¥490

v 「自由－叙景」型

2000 年以前の楽曲

秋の虹／異邦人／空蟬《うつせみ》／ October ～リリー・カサブランカ～／邂逅／雲にらくがき／胡桃の日／下宿屋のシンデレラ／航跡／秋桜《コスモス》／ SUNDAY PARK ／十六夜／修二会／交響楽《シンフォニー》／惜春／ 1989 年渋滞《ラッシュ》 一故 大屋順平に捧ぐ一／聖野菜祭《セント・ヴェジタブル・デイ》／ソフィアの鐘／第三病棟／時差《タイムラグ》～蒼空に 25¢ ～／多情仏心／たずねびと／黄昏迄／朝刊／距離《ディスタンス》／天然色の化石／東京物語／飛梅／都府楼／鳥辺野／鳥辺山心中／ナイルにて一夢の碑文《いしぶみ》一／虹がかかったら／理想郷《ニライカナイ》／ハックルベリーの友達／薔薇ノ木ニ薔薇ノ花咲ク／晩鐘／秘恋／ひとり占い／白夜の黄昏の光／冬の蟬／推理小説《ミステリー》／水底の町／無縁坂／昔物語／紫野／夜間飛行～毛利衛飛行士の夢と笑顔に捧ぐ～／山ざくらのうた／雪の朝／夢の吹く頃／落日／リンドバーグの墓～ Charles A.Lindbergh Grave ～

2000 年以降の楽曲

アパート物語／糸遊／月蝕／城のある町／空になる／つくだ煮の小魚／冬薔薇《ふゆそうび》／舞姫／もう来る頃…／八ヶ岳に立つ野ウサギ／私は犬に叱られた

vi「自由－叙事」型

該当楽曲無し

vii「散文－抒情」型

2000 年以前の楽曲

青の季節／空缶と白鷺／あなた三昧／ヴァージン・ロード／思い出はゆりかご／風に立つライオン／木根川橋／最后の頁《ページ》／療養所《サナトリウム》／椎の実のママへ／前夜（桃花鳥）／第三者／建具屋カトーの決心　儂がジジイになった頃／追伸／天文学者になればよかった／童話作家／長崎小夜曲／二軍選手／Bye Bye Guitar／初雪の頃／花の色／春の鳥／ひまわり／広島の空／フェリー埠頭／肖像画《ポートレイト》／本当は泣きたいのに／まんまる未来／みるくは風になった／名刺／約束／勇気を出して／恋愛症候群—その発病及び傾向と対策に関する一考察—

2000 年以降の楽曲

一期一会／思い出暮らし／かすてぃら／霧に消えた初恋～Radio Days～／51／さよならさくら／死んだらあかん／たいせつなひと／抱きしめて／豆腐が街にやって来る／敗戦投手／遙かなるクリスマス／眉山《びざん》／窓／まんまる／都忘れ／MOTTAINAI／問題作～意見には個人差があります～／やさしい歌になりたい

viii「散文－叙景」型

2000年以前の楽曲

赤い靴／雨やどり／驛舎《えき》／絵はがき坂／親父の一番長い日／極光／加速度／神様のくれた5分／昨日・京・奈良、飛鳥・明後日。／きみのふるさと／最終案内／聖　域《サンクチュアリ》～こすぎじゅんいちに捧ぐ～／指定券／精霊《しょうろう》流し／吸殻の風景／線香花火／戦友会／償い／つゆのあとさき／転宅／とてもちいさなまち／初恋／パンプキン・パイとシナモン・ティー／ひとりぼっちのダービー／フレディもしくは三教街《さんきょうがい》－ロシア租界にて－／分岐点／ほおずき／魔法使いの弟子／もうひとつの雨やどり／邪馬臺／夕凪／ヨシムラ／0－15《ラブ・フィフティーン》／檸檬／吾亦紅

2000年以降の楽曲

かささぎ／賢者の贈り物／白雨／ママの一番長い日～美しい朝～／霧―ミスト―／ローズ・パイ

ix「散文－叙事」型

該当楽曲無し

これらの結果は現代日本人の「心情を想像する」という能力が低下していることを、さだまさしが察して、あえて心情を説明する作風となったということを意味するのではないか。

3）様々な名詞

さだまさしは、その文章中に様々な名詞を用いている。以下にさだまさしの用いる名詞の中から、色彩表現と自然表現について記していくこととする。

①色彩表現

さだまさしは、その詩中で様々な色を用いている。

それは、以下のように分類できる（【表6－5】）。

これらは、さだまさしの用いる日本語が、単に「赤」や「黄色」といったものだけではなく、色彩を具体的に示すことのできる単語を用いて、聞き手がより具体的に想像を働かせられるように作詩していることを示すものだと思われる。

②自然表現

さだまさしは、その詩中で様々な自然を表す表現をしている。

それは、以下のように分類できる（【表6－6】）。

これらも色彩表現と同様に、単に「雲」や「雪」といった単語だけを用いるのではなく、より具体的な「雲」や「雪」を表す単語を用いることで、聞き手がより具体的に想像を働かせられるように作詩していることを示すものだと思われる。

このように、さだまさしの使用している名詞を見てみると、その言葉を聞いたときに聞き手が想像する風景が鮮明になると言うことができるのではないだろうか。

6-5 色の分類

Ⅰ赤系統の色

「赤」「紅い」「朱《あけ》」「薄紅」「韓紅」「紅《くれない》」「桜色」「朱鷺色」「野苺色」「ピンク」「紅《べに》」「ベビーピンク」

Ⅱ黄色系統の色

「浅黄色」「オレンヂ色」「金糸雀色」「黄色」「黄金色《きんいろ》」「黄金《こがね》」「金色《こんじき》」「檸檬色」

Ⅲ緑系統の色

「緑」「若緑色」

Ⅳ青系統の色

「藍」「青」「碧い」「蒼い」「CARIBBEAN BLUE」「コバルト」「紺碧」「暁暗色《セルリアンブルー》」「水色」「瑠璃色」

Ⅴ紫系統の色

「薄紫」「深紫」「紫」「若紫色」

Ⅵ茶色系統の色

「サンドベージュ」「セピア色」「ベージュ」

Ⅶ黒系統の色

「薄墨色」「黒」

Ⅷ白系統の色

「銀色」「白」「真白」「銀色《しろがね》」

Ⅸ選択肢が多く識別不可能な色

「トパーズ色」「虹色」

6-6 自然表現の分類

Ⅰ空を表す名詞

「朝焼け」「蒼穹」「昊」「抜けるような青空」「雪模様」

Ⅱ雲を表す名詞

「黒雲」「ちぎれ雲」「入道雲」「はぐれ雲」「浮浪雲」

Ⅲ雨や雪など天候を表す名詞

「銀世界」「驟雨（※曲名）」「俄雨」「初雪」「吹雪」「ぼたん雪」「牡丹雪」「雪景色」「雪化粧」「夜霧」「忘れ雪」

Ⅳ恒星、惑星を表す名詞

「秋去姫《あきさりひめ》」「一番星」「金星蝕」「北斗」「星屑」「明星」

Ⅴ月を表す名詞

「十三夜」「上弦の月」「田毎の月」「満月」

Ⅵ光や影を表す名詞

「木漏れ日」「木洩れ日」「葉陰」「葉洩れ陽」「日溜り」

Ⅶ風を表す名詞

「凩」「虎落笛」

Ⅷ気候を表す名詞

「三寒四温」「リラ冷え」

Ⅸ植物を表す名詞

「紫陽花」「馬酔木」「寒椿」「君影草」「クレマティス」「木立」「サフィニア」「白萩」「すかんぽ」「棚田」「ダリア」「満天星《どうだんつつじ》紅葉」「花吹雪」「原っぱ」「風媒花」「ポピー」「まるめろ」「マロニエ」「都忘れ」「木犀」「木蓮」「八重山吹」「夜桜」「ライラック」「リリー・カサブランカ」「良弁椿」「忘れな草」「侘助《わびすけ》椿」

Ⅹその他自然を表す名詞

「哀れ蚊」「海鳴り」「洞窟」「礁湖《ラグーン》」

現代日本語の現状とさだまさし

そもそも、私がこの研究を行おうと思った動機は「日本語の乱れ」に危機感を覚えたからである。

そこで、現代日本語の現状を記した上で、さだまさしの用いる日本語が現代日本語にどう活かすことができるかということについて記していく。

■話し言葉と書き言葉

1）「ヤバイ」について

現代日本語の話し言葉において、その特徴の最たるものは「ヤバイ」ではないかと思う。

そのため、「ヤバイ」についての考察をここに述べていきたい。

「ヤバイ」という言葉を辞書で引くと、次のような文言が出てくる。

「不都合である。危険である。『―・いことになる』」（広辞苑　第六版）

また、別の辞書には以下のふたつの意味が掲げられている。

①自分に不利な状況が身近に迫るさま。また、そのような状況が予測されるさま。「すぐ逃げないと―ぞ」「時間に遅れると―」「―仕事に手を出すな」

②程度が激しいことを表す語。はなはだしい。ひどい。「テストの点数、マジで―・かった」「定食のごはんの量が―（＝多い）」「―ほど時間がかかった」（明鏡国語辞典　第二版）

以上のように、現代日本で用いられている「ヤバイ」は「明鏡国語辞典第二版」の語義にあるように「程度が激しいことを表す」存在になっている。

「明鏡国語辞典」の例を引き合いに出すが、もしも、この例文が「このご飯ヤバイ」

であったなら、我々はどう判断するであろうか。我々は「ヤバイ」が「美味しい」か「不味い」か「量が多い」か「量が少ない」か「見た目が良い」か「見た目が悪い」か、などというように、程度が激しい両極の可能性を模索する必要がある。

そして例えば、我々が「ヤバイ」を「不味い」という意味だと思って受け答えをした際に、実は相手側は「美味しい」という全く逆の意味で用いていたというような場合は、コミュニケーションに齟齬が生じることになる。また、「ヤバイ」のような様々な意義を内包している単語を用いていると、元から存在した単語が消滅する可能性もあるのではないか。

また、「ヤバイ」の使用例をX（旧 Twitter）等で見てみると、その投稿から意味が理解できるものと、理解できないものに分類できた。それらを例に挙げながら、以下に記すこととする。なお、「ヤバイ」の表記は「ヤバい」や「やばい」など多岐にわたるが、すべて「ヤバイ」で統一する。

①文字だけで理解できるもの

・興奮でヤバイ

・このファインプレー、ヤバイ
・可愛くてヤバイ
・ヤバイ、時間が短い

以上のように、感情や状態を述べて、その前後に「ヤバイ」を用いることで、その感情や状態を強調するものは、副詞的用法と言うことができるだろう。そして、それは度合いを示すという意味で、書き言葉における「ヤバイ」の使用法と言うことができるだろう。

②文字だけで理解できないもの

・もうヤバイ（女性グループの写真を貼付しながら）
・ヤバイ人の数（群衆の写真を貼付しながら）
・アートがヤバイ（路上の立体的なアート写真を貼付しながら）
・豪雨がヤバイ（一部分だけ集中的に雨が降っている写真を貼付しながら）

以上のように、写真などの対象物に対して「ヤバイ」を用いることで、自らの感情を表現するものは、感動詞的用法と言うことができるだろう。そして、これらは文字だけを見ても意味を理解することは難しく、写真や表情など視覚を通じて意志を伝える必要があるため、話し言葉における「ヤバイ」の使用法と言うことができるだろう。

「ヤバイ」が様々な意義を内包していることを書くと、忘れてはいけないのは古語の「あはれ」や「をかし」といった単語である。これらは「ヤバイ」と同様に様々な意義を内包しているものの、批判的な評価を受ける「ヤバイ」と違い、日本人の機微を表すことのできる「美的観念」のひとつとして、評価されている。これらの評価の違いの理由をここに考察していく。

「ヤバイ」の基本語義は「明鏡国語辞典第二版」によると「程度が甚だしい」ということである。それに対して、「あはれ」の語義にも「をかし」の語義にも「程度が甚だしい」という意味は無く、むしろ「いみじ」という形容詞の方が「程度が甚だしい」という語義があり、「ヤバイ」に近いものと思われる。『枕草子』の「野分のまたの日こそ」の「いみじうあはれにをかしけれ」という文言から、程度を示すものが「いみじ」であり、「あはれ」も「をかし」も「情趣や風情がある」という意味でしかない。

つまり「ヤバイ」は、ものさしの両極しか表現できないのに対し、「あはれ」と「をかし」は、ものさしの両極端外を表現できるものと思われ、これが「ヤバイ」と「あはれ」「をかし」の違いである。

2）「ら抜き言葉」について

文化庁のホームページ[*5]には「ら抜き言葉」について以下のように記されている。

> いわゆる「ら抜き言葉」とは可能の意味の「見られる」「来られる」等を「見れる」「来れる」のように言う言い方のことで、話し言葉の世界では昭和初期から現れ、戦後更に増加したものである。「ら抜き言葉」（例：「見れる」）を専ら可能の意味に用い、受身・自発・尊敬（「見られる」）と区別することは合理的であり、五段活用の動詞（例：「読む」）における可能動詞（「読める」）と同様に可能動詞形と認めようとする考え方や、「ら抜き言葉」の増加は可能表現の体系的な変化であり、話し言葉では認めてもよいのではないかという考え方もある。書き言葉においても分野によってはその使用例が報告されている。

確かに、「ら抜き言葉」は、動詞を可能動詞とし、受身・自発・尊敬と区別する分には有効であると言えよう。しかし、「ら抜き言葉」を用いて、可能と受身・自発・尊敬を区別することは、尊敬語が消滅するおそれが生じるのではないだろうか。

例えば、「食べれる」を可能の意味、「食べられる」を尊敬の意味として用いたとき、「食べる」の尊敬語として、「食べられる」が定着し、その結果「お食べになる」や「召し上がる」といった単語は消滅してしまうのではないか。

■ さだまさしを現代日本語にどう活かすことができるか

この節では主に、「ヤバイ」という単一の語彙に様々な意義が内包されているということを示すため、「ヤバイ」の言い換えを、さだまさしの語彙を用いてしていく。さだまさしの用いていた語彙の中で「ヤバイ」に言い換えられるものは、「あやうい」「かなしい」「険しい」「たよりない」「照れ臭い」「情無い」「ふがいない」「もどかしい」「わびしい」の9語のみであると考えられる。

＊5 令和5年11月20日閲覧（https://www.bunka.go.jp/kokugo_nihongo/sisaku/joho/joho/kakuki/20/tosin03/09.html）

これは、さだまさしが、「ヤバイ」に相当する語句を用いていない、すなわちそれは、さだまさしが「ヤバイ」といったように両極を表す表現は用いずに、その間の「感情の機微」といったものを表現しているということを示すのではないだろうか。

また、さだまさしは、現代日本語で、あまり用いられることのない日本語を用いている。つまり、我々にとって未知の単語と出会う機会があるということだ。また、あまり用いられていない単語を音楽という媒体を用いて伝えるということは、自分から積極的に本を開いて文学と触れあう習慣のない人間でも、テレビから、ラジオから、街中から流れてくる音楽を聴き、その日本語と触れることができ、語彙を豊かにすることができる。

つまり、さだまさしの楽曲を聞くことは、知識の拡大に繋がり、「音楽」という一面的なことのみならず、「現代文、古文、漢文を含む国語」や「日本史」という多面的な事柄までをも学べることになるのではないだろうか。

■現代日本語に対する提言

今回、また、さだまさしの楽曲を通して日本語というものを見てみると、改めて、現代口語日本語の表現における幅の狭さを感じた。言語において、表現の幅が狭くなるということは、その言語を扱う民族の知的レベルが疑われるということに言及されると思われる。

例えば「ヤバイ」という言葉を使うだけで生活が事足りるということになれば、極論ではあるが、日本人は、議論する際の語彙が少なくなり、論理的思考能力が低下することで考えることを止め、自分の感情や思いを表現する言葉を失い、自分を表すために暴力を使うということも考えられなくはない。これは、未来の日本社会に関しても、由々しき問題であると考える。

己の考えや思いを的確に相手に伝えるのは、言葉やその言い回しである。「目は口ほどにものを言う」というが、これは、意思の疎通がとれている相手との間に成立することであり、初めて会った相手とは、なかなか難しいことである。言い回しで考えると、例えば、「あなたはしつこいよね」という言い回しを、「あなたは粘り強いよね」に言い換えると、否定的な意見が肯定的な意見に変わる。また、「自説に固執しているよね」という言い回しが、「信念を持って自説を述べているよね」に変わるのも然りである。同じような内容でも、このように言い回しが変わることで、相手に与える印象というものが変化するのである。語彙が豊富であるということは、その言葉を使用している人間の知的レベルや思慮深さ、感性の豊かさの程度を表すこととなる。そのことにより、論理的に議論することができ、その結果、感情を己でコントロールすることが出来る。これについて、さだまさしは『もう愛の唄なんて詠えない』というエッセイの中で「言葉を交わすことが相手が何を思い、何を考え、どういう時に喜び或いは悲しみ、どういう時に怒るのかといった『人としての価値観』の理解に繋がり、人同士はその相互理解の上で相手を信頼し、また愛することが出来る」と記述しているため、さだまさしは、何より語彙の貧困化に危機感を覚えているものと思われる。語彙の数だけ感情があるということを古の日本人は「言霊」と呼んだのではないだろうか。

また、さだまさしの作詩を見て私は「詩経大序」という漢文を思い出さずにはいられなかった。この「詩経大序」は「詩者志之所之也（「詩とは人の思いの行き着いたものである」の意）」ということに端を発し、詩とは何たるかを説いたものである。また、古今和歌集には「大和歌は、人の心を種として、よろづの言の葉とぞなれりける」と書いてあり、やはり「詩とは人の思いの行き着いたものである」ということを記している。

この2つの文章を読むと、さだまさしが作詩で目標としているのは「詩で心を伝える」ということに他ならないのではないかと考えるようになった。このようなことに鑑みると、「形容詞をあまり用いることをせず、巧みな情景描写で聴衆に『感情の機微』を想像させる」という、さだまさしの作詩方法は「形容詞を用いて感情の押しつけ」をするのではなく、感情を汲み取らせ、自発的な想像を促すということであり、それはつまり、現代の日本人に欠如した思慮や配慮といった「想像力」を再興することになるのではないかと考えられる。この「想像力の再興」とは、さだまさしの使用している言葉の選択肢の豊かさというものが、聴き手の想像力をかき立て、考えることを促し、琴線に触れることとなり、心が豊かになるということを意味するものである。

その意味において、さだまさしが紡ぎだした歌詩は、これからの日本語、ひいては日本の文化、文明に一石を投じることになると考える。

謝辞

今回の研究のきっかけを与えてくださり、熱心にご指導くださった岡田幸一先生に感謝の意を表します。また、私に「美しい日本語」を研究するモチベーションを与え続けてくれた、さだまさし氏には最大限の感謝をしたいと思います。

《参考文献》

『地獄変・邪宗門・好色・藪の中　他七篇』（芥川龍之介／岩波書店）
『日本語えとせとら』（阿刀田高／角川書店）
『辞書に載る言葉はどこから探してくるのか？　ワードハンティングの現場から』（飯間浩明／ディスカヴァー・トゥエンティワン）
『漢詩をよむ　李白100選』（石川忠久／NHK出版）
『その日本語、ヨロシイですか？』（井上孝夫／新潮社）
『話し言葉の日本語』（井上ひさし・平田オリザ／小学館）
『檸檬』（梶井基次郎／角川書店）

『日本人も悩む日本語　言葉の誤用はなぜ生まれるのか？』（加藤重広／朝日新聞出版）
『日本語はなぜ変化するか　母語としての日本語の歴史』（小松英雄／笠間書院）
『精霊流し』（さだまさし／幻冬舎）
『解夏』（さだまさし／幻冬舎）
『眉山』（さだまさし／幻冬舎）
『まほろばの国で』（さだまさし／幻冬舎）
『もう愛の唄なんて詠えない』（さだまさし／幻冬舎）
『アントキノイノチ』（さだまさし／幻冬舎）
『はかぼんさん　空蝉風土記』（さだまさし／新潮社）
『かすてぃら』（さだまさし／小学館）
『ラストレター』（さだまさし／朝日新聞出版）
『ちゃんぽん食べたかっ！』（さだまさし／ＮＨＫ出版）
『Story Seller 3』（さだまさし、沢木耕太郎、近藤史恵、湊かなえ、有川浩、米澤穂信、佐藤友哉／新潮社）
『同訓異字』（白川静／平凡社）
『日本の大和言葉を美しく話す　―こころが通じる和の表現―』（高橋こうじ／東邦出版）
『知っておきたい日本の仏教』（武光誠／角川学芸出版）
『文豪怪談傑作選　太宰治集　哀蚊』（太宰治、編：東雅夫／筑摩書房）
『つゆのあとさき』（永井荷風／岩波書店）
『広辞苑の中の掘り出し日本語』（永江朗／バジリコ）

『広辞苑の中の掘り出し日本語② 男と女の日本語』（永江朗／バジリコ）
『広辞苑の中の掘り出し日本語③ 花鳥風月編』（永江朗／バジリコ）
『草枕』（夏目漱石／新潮社）
『日本歌曲をめぐる人々』（畑中良輔／音楽之友社）
『驚くべき日本語』（ロジャー・パルバース、訳：早川敦子／集英社インターナショナル）
『日本人の知らない日本一の国語辞典』（松井栄一／小学館）
『李白詩選』（編訳：松浦友久／岩波書店）
『現代俳句 古語逆引き辞典』（編：水庭進／博友社）
『宮沢賢治のオノマトペ集』（宮沢賢治、監修：栗原敦、編：杉田淳子／筑摩書房）
『一人称二人称と対話』（三輪正／人文書院）
『日本語は人間をどう見ているか』（籾山洋介／研究社）
『現代語訳 舞姫』（森鷗外、訳：井上靖／筑摩書房）
『暮らしの中にある日本の伝統色』（和の色を愛でる会／大和書房）
『新明解 古典シリーズ8 大鏡 方丈記』（監修：桑原博史／三省堂）
『世界詩人全集17 アポリネール コクトー シュペルヴィエル詩集』（訳：渡辺一民、堀口大學、飯島耕一／新潮社）
『週刊 日本の神社 14号 太宰府天満宮』（デアゴスティーニ・ジャパン）
『枕草子』（清少納言、校訂：池田亀鑑／岩波書店）
『松尾芭蕉集 日本古典文学全集41』（松尾芭蕉、校注・訳：井本農一、堀信夫、村松友次／小学館）

『万葉集（一）』（校注：佐竹昭広、山田英雄、工藤力男、大谷雅夫、山崎福之／岩波書店）
『万葉集（二）』（校注：佐竹昭広、山田英雄、工藤力男、大谷雅夫、山崎福之／岩波書店）
『万葉集（三）』（校注：佐竹昭広、山田英雄、工藤力男、大谷雅夫、山崎福之／岩波書店）
『万葉集（四）』（校注：佐竹昭広、山田英雄、工藤力男、大谷雅夫、山崎福之／岩波書店）
『万葉集（五）』（校注：佐竹昭広、山田英雄、工藤力男、大谷雅夫、山崎福之／岩波書店）

第3章 人生と老い、その豊かさ　生き直しの民俗学

関沢まゆみ

国立歴史民俗博物館教授・総合研究大学院大学教授（併任）。博士（文学）。専門は民俗学。『隠居と定年』『現代「女の一生」ー人生儀礼から読み解くー』などの著書がある。高度経済成長と民俗伝承の変化に関心をもっている。アルバム『夢供養』にとくに注目しており、さださんの歌の世界を民俗学で読み解くのが面白い。

第4章 さだまさしデザイナー論　音楽で表現される多種多様なイメージとその技法

小熊 麦

1999年生まれ、埼玉県加須市出身。早稲田大学さだまさし研究会第37代幹事長。小学校6年生のときにギターの練習曲として父親から「案山子」を渡されさだまさしと出会う。以降さだまさしの音楽研究に熱中し、大学在学中に『Pen+ 全部、さだ。』（CCC メディアハウス）に論考を執筆。現在はメディア業界で営業として勤務している。

第5章 「神（様）」がいる国　ハーンが出会い、まさしが見つめる日本

瀬戸邦弘

鳥取大学教育支援・国際交流推進機構 准教授　1972年、東京都保谷市生。早稲田大学人間科学部スポーツ科学科卒。同大学院後期課程満期退学。博士（人間科学）早稲田大学。主著に『Pen+ 全部、さだ。』『早大さだまさし研究会40周年記念誌 Ken+ 全部さだ研。わせだ魂 わさだ魂』（早大さだ研）。

第6章 さだまさしに見る日本語再発見　現代日本語の問題点

宝福了悌

國學院大學大学院文学研究科博士後期課程に在籍し、民俗学を専攻中。今回掲載された論文「さだまさしに見る日本語再発見～現代日本語の問題点～」を高校の卒業研究にて執筆したご縁で、さだまさしの「書生」となる。研究を続け、物書きになる目標を掲げ、目下勉強中。

著者陣プロフィール

第1章 さだまさしのアクセント研究　「秋桜」の順行・逆行分析から探る

北山陽一

1974年2月24日生まれ、青森県八戸市出身。北山陽一、黒沢 薫、酒井雄二、村上てつや、安岡 優からなるヴォーカル・グループ、ゴスペラーズのメンバーとして1994年12月21日、シングル「Promise」でメジャーデビュー。以降、「永遠《とわ》に」「ひとり」「星屑の街」「ミモザ」など、多数のヒット曲を送り出し、2024年に同一メンバーでの30周年を迎える。2012年より慶應義塾大学環境情報学部特別招聘講師（非常勤）、2020年から特別招聘教授、2021年より政策・メディア研究科修士課程に在籍。

川原繁人

慶應義塾大学言語文化研究所教授。1980年生まれの言語学者・音声学者。北山さんとの出会いや研究内容に関しては『フリースタイル言語学』（大和書房、2022）に詳しい。『絵本うたうからだのふしぎ』（作：川原繁人・北山陽一、まんが：牧村久実、講談社、2024）では歌う体の仕組みを絵本形式で楽しく解説。

古澤里菜

国際基督教大学大学院生。言語の仕組みを広く探究しつつ、音楽の言語学的な分析に取り組んでいる。

第2章 「水底の町」の時代　さだまさしの歌世界民俗誌

伊藤龍平

國學院大學文学部教授。1972年、北海道生まれ。2003年、國學院大學大学院修了、博士（文学）。同年、台湾・南台科技大学に赴任後、2021年、國學院大學に着任。専門は伝承文学。近世から近現代にかけての説話を、口承文芸（昔話、伝説、神話、噂話など）研究の切り口から考察している。

07.「時」　織田信雄：早稲田大学政治経済学部卒

08.「生命」　湯浅 諒（前出）

09.「愛」　鈴木直美：早稲田大学第一文学部卒

10.「色」　望月和樹：早稲田大学文化構想学部卒

11.「詠唱」　西田聖子：国立音楽大学ピアノ科卒

12.「雨」　加藤志保：お茶の水女子大学大学院修了・修士（文学）

13.「食」　谷口由佳：早稲田大学大学院文学研究科修了・修士（文学）

14.「地」　関根蒔人：東京大学教養学部

15.「季」　丸岡由味：早稲田大学人間科学部３年

16.「文Ⅱ」　川又理奈：國學院大學文学部日本文学科４年

17.「医」　椎木康生：東京大学医学部医学科３年

小説

01.「PA って何の略」　高木敦史

02.「最果迄」高木敦史

コラム

01.「河合鎮徳とさだまさしと吾亦紅と」　瀬戸邦弘（前出）

02-1.「何で私がさだ研に!? 私と早大さだ研とさだまさし『風に立ったわけではないライオン』」　椎木康生（前出）

02-2.「何で私がさだ研に!? 私と早大さだ研とさだまさし『夢と現（うつつ）の狭間から』」　藤本 悠：一橋大学法学部

02-3.「何で私がさだ研に!? 私と早大さだ研とさだまさし『憧れてたどり着いた場所』」　沢田多聞：早稲田大学法学部

02-4.「何で私がさだ研に!? 私と早大さだ研とさだまさし『さだまさし、全く知りませんがさだ研に入りました』」　武田耕平：早稲田大学大学院社会科学研究科修士課程

［付録］早稲田大学さだまさし研究会論文集

今回、書籍の中には収めきれなかった論文の数々を、こちらのQRコードのリンクから、PDFで読むことができます。現役を含む早稲田大学さだまさし研究会のメンバーが書いた渾身の論文、エッセイ、コラム、小説をお楽しみください。

論文

01.「さだまさしの敗者への眼差し」 工藤（荒井）美紗絵：お茶の水女子大学大学院修了・修士（学術）

02.「中国大陸とさだまさし　祖父と父と『長江』と」 湯浅 諒：中央大学法学部卒

03.「さだまさしの歌詞におけるアストロバイオロジー」 増田直旺：東京大学大学院理学系研究科博士後期課程・修士（理学）＆川又理奈：國學院大學文学部日本文学科４年

04.「さだまさしの楽曲にみる『ますらをぶり』と『たおやめぶり』、及びそれらの橋渡しをする仏教思想について」 高宮玲央：明治大学文学部史学地理学科日本史専攻３年

05.「さだまさしと和歌　―その発想及び傾向と創作に関する一考察―」 小林龍汰：同志社大学文学部３年

エッセイ

01.「縁」 瀬戸邦弘（前出）

02.「音」 小熊麦（前出）

03.「話」 瀬戸邦弘（前出）

04.「詩」 水之浦明人：東京大学文学部卒

05.「夢」 瀬戸邦弘（前出）

06.「文」 高木敦史：早稲田大学第二文学部卒

エッセイ01～05は、『Pen+ 一冊、まるっとさだまさし』（メディアハウスムック、2021年1月28日）より抜粋。